SUPPLÉMENT

A

L'HISTOIRE

D'ALENÇON.

LICEAT MIHI VERA REFERRE. Ovid.

ALENÇON,

DE L'IMPRIMERIE DE POULET-MALASSIS.

1821.

Pour décrire un point sur la Sarthe presque imperceptible, j'ai parcouru le Zodiaque, j'ai sondé le terrain à dix mètres de profondeur ; comme l'abeille, j'ai fait quelques rapides excursions dans l'empire de Flore.

J'ai voulu considérer l'habitant du sol sous le rapport moral, modifié par la civilisation, et réunissant de singuliers contrastes ; alors je me suis trouvé dans un sentier couvert d'épines, glissant et scabreux.

J'ai formé un trait, je l'ai effacé ; j'ai fait un chapitre, je l'ai raturé ; j'ai retranché, mutilé, tronqué et rogné, peut-être un peu trop pour l'intérêt de mon livre, dont j'ai fait un squelette.

Si l'on ne me tenait aucun compte de mes ratures ; si l'on croyait que je n'en eusse point assez fait ; s'il me fallait essuyer néanmoins d'injustes reproches, subir des gloses malignes, éprouver de sourdes persécutions, je me réfugierai à l'abri du texte sacré : *Pro animâ tuâ ne confundaris dicere verum.* Eccl.

SUPPLÉMENT

A L'HISTOIRE D'ALENÇON.

~~~~~~~~~~~~~~~~~

POSITION.

La ville d'Alençon, qui n'est qu'un point sur le globe de la Terre d'environ 9000 lieues de circonférence, est assise sur la rive droite de la Sarthe, à l'embouchure de la Briante, 17 degrés quelques minutes de l'Ile de fer, 48 degrés quelques minutes de la ligne équinoxiale.

La planète sur laquelle elle est fixée, par son mouvement sur elle-même, présente la succession variée de la lumière et des ténèbres, et, par son mouvement autour du soleil, offre les quatre saisons et leur différente température.

Mais, pour ne point m'écarter du commun langage, j'adopterai le système du mouvement apparent du soleil, qui donne les mêmes résultats.

Prenant le soleil à l'équinoxe d'automne, qui commençait l'année des Caldéens et des Egyptiens, je le suivrai dans les 12 signes qu'il parcout, et je décrirai les influences de sa marche sur la ville d'Alençon et son territoire.

TEMPÉRATURE.

En entrant dans le signe de la Balance, emblème de la justice dans les mains de Saint-Michel, le soleil partage également les jours et les nuits. Alors Cérès allume ses flambeaux sur le mont Etna pour chercher sa fille, que Pluton transporte aux Enfers, emblème des semences que l'on répand en terre; Pomone s'avance avec sa corbeille de fruits, qu'elle vient de cueillir dans le jardin des Hespérides; déjà Philomèle est partie; l'hirondelle sur la tour Notre-Dame prélude à son long voyage; les corbeaux descendent, en croassant, des forêts d'Ecouves et de Perseigne; et l'on voit des troupes d'oies sauvages, qui se dirigent au sud, sur deux lignes formant un angle, pour mieux fendre l'air.

En déclinant vers l'hémisphère austral, le soleil passe au signe du noir Scorpion, dont les influences sont si malignes, et qui, par sa piqûre, a donné la mort au chasseur Orion, changé par Jupiter en une constellation qui amène les pluies et les orages. Alors les Naïades sortent de leurs grottes; la Briante descend avec murmure de la forêt d'Ecouves; la Guerne, l'Hoëne, la Tanche et la Vessonne versent leurs urnes dans la Sarthe, qui se déborde avec fracas et couvre les prairies d'Alençon.

En déclinant toujours vers l'hémisphère austral, le soleil arrive au signe du Sagittaire. Alors ses rayons pâlissent, ses flèches sont émoussées; les

flèches aiguës de l'hiver commencent à s'aiguiser ;
de gros nuages noirs lancent de leurs flancs la grêle
sur les campagnes ; la nature est dans l'affliction,
les feuilles tombent, l'église célèbre la fête des morts.

Enfin, le soleil arrive au Capricorne, terme de
sa course vers le pôle méridional, solstice d'hiver, à
71 degrés d'Alençon ; alors le prince des ténèbres
triomphe, la nuit traîne pendant 16 heures sa longue
robe noire sur Alençon, tout est mort, la terre
est ensevelie sous les torrens de neige que souffle
Borée dans sa colère ; le loup affamé sort du bois
et assiége les bergeries.

En entrant au signe du Verseau, le soleil commence à se rapprocher d'Alençon ; ce signe est le
Ganymède des Grecs, qui verse à boire aux Dieux ;
c'est l'AQUARIUS des Romains. La température dépend
beaucoup du vent qui règne à cette époque ; si
le vent souffle du sud et de l'ouest, les pluies sont
abondantes ; mais, si le vent se fixe à l'est, alors
on éprouve à Alençon un grand degré de froid,
et on a vu quelquefois le thermomètre descendre
16 degrés au-dessous de zéro.

Le soleil entre dans le signe des Poissons, qui
portent Vénus et Cupidon ; alors les neiges fondent,
les glaces se rompent avec fracas et obstruent les
ponts de la Sarthe ; Téthis, environnée de toutes
ses nymphes, de ses Naïades, célèbre ses noces ; les
mousses se revêtent de leurs robes verdoyantes,
pour assister à la fête ; le nénufar, au fond des
eaux, commence à dérouler ses tiges spirales, élève
à la surface ses roses dorées et argentées, afin qu'elles
reçoivent les caresses du zéphir.

Le soleil qui a pris des forces passe au signe du Belier, équinoxe du printemps ; c'est Jupiter Ammon, c'est le triomphe de l'agneau, c'est la victoire éclatante du dieu du jour sur le prince des ténèbres ; tout renaît dans la nature ; la déesse Flore commence à reprendre ses habits de noces ; le perce-neige et la prime-vère se montrent ; la brunette essaie son chant timide ; la petite grive fait entendre sa voix éclatante sur la cime du hêtre ; et l'alouette s'élève dans les airs, pour célébrer le retour du soleil.

Cet astre, par son mouvement de déclinaison boréale, s'avance majestueusement vers le Taureau ; c'est Hercule, l'époux d'Hébé, qui continue les glorieux travaux qui lui ont été imposés par son frère Euristée ; c'est lui qui arrache une des cornes d'Acheloüs, qu'il échange ensuite avec la corne d'Amalthée, qui verse l'abondance sur la terre.

Le soleil passe au signe des Gémeaux, d'où il répand, sur le territoire d'Alençon, ses bénignes influences. La chaleur d'une nouvelle vie pénètre tous les êtres animés, dans les prairies, dans la campagne et dans les forêts. Les oiseaux voyageurs sont de retour ; Philomèle module ses agréables sons dans le bocage ; la fauvette fait éclater sa voix dans les jardins ; l'hirondelle gazouille sur la cheminée ; le martinet noir n'a point encore pris possession de la tour couronnée. Flore prépare le lit nuptial, les calices colorés, les corolles et les pétales ; les étamines caressent le pistil ; le pistil s'incline quelquefois et frémit aux douces impressions ; les oiseaux forment des mariages, des unions constantes ; les quadrupèdes les plus farouches s'adoucissent, se rapprochent ; mais s'ils ne forment que des unions passagères, par-tout le vœu de la nature n'est pas moins rempli.

Enfin le soleil arrive au signe du Cancer, au tropique septentrional, 23 degrés de déclinaison boréale, 25 degrés d'Alençon. Alors le Dieu du jour triomphe, et pendant seize heures verse des flots de lumière sur la ville et son territoire. La nuit, chassée par les longs crépuscules, s'est sauvée sur les bords de l'Acheron. Alors les Naïades gémissent dans leurs grottes ; le lis penche sa tête flétrie sur les bords de la Sarthe, qui, ne recevant plus ses tributs, se dessèche ; la Briante se traîne avec effort au milieu des cailloux qui interceptent son cours et l'empêchent d'arriver à son embouchure. Les moulins se reposent ; le meunier, qui n'est plus réveillé par le traquet, dort profondément. Les Napées pleurent sur l'herbe des prairies, qui tombe sous la faux, et dont les agiles faneuses, en dansant, font des veillotes et des meules.

En revenant du tropique, le soleil passe au signe du Lion. C'est encore Hercule qui, après avoir vaincu le redoutable animal, se revêt de sa peau. Cérès triomphe. Le laboureur contemple avec joie les gousses des légumes qui pétillent en s'ouvrant, les blés qui jaunissent, et les épis de l'orge qui commencent à se courber. On croit voir alors l'Olympe entier descendu sur le carrefour des Etaux : Saturne avec sa faux, Cérès avec sa faucille, Neptune avec son trident. Le nouveau Triptolème se promène dans la foule, choisit les figures les plus basanées, les vierges noires, dont il marchande les sueurs, et emmène

les Dieux et Déesses coucher sur la paille, pèle-
mêle. Le matin, la troupe en ligne de bataille attaque à petit bruit; à midi, elle s'anime et crie AH! AH!
sur les pauvres passans; le soir, elle rentre en chantant,
et frappe de sons mélodieux les oreilles du désœuvré
citadin.

Enfin Hercule achève ses douze travaux. Le soleil
entre au signe de la Vierge; c'est Aristée, fille de
Jupiter et de Thémis, qui était descendue sur la
terre, mais qui, voyant l'injustice triompher, est
remontée au ciel, et s'est placée dans le zodiaque.
Charmante allégorie, qui peint bien la perversité
des hommes, la corruption des siècles, la dégé-
nération.

AIR ATMOSPHÉRIQUE.

La nouvelle chimie a banni bien loin les quatre
anciens élémens, comme n'étant que des mixtes qui
se décomposent. Fourcroy et Lavoisier ont analysé
l'air, et l'ont réduit à ses plus simples principes.
On ne parle plus que d'air vital, de gaz oxygène,
de gaz azote, de gaz carbonique et de gaz hydrogène.

Au milieu de tous ces gaz, on respire tranquill-
lement, sans s'informer plus outre de la nécessité
de l'oxigène, des dangers de l'azote et du carbone,
de leurs effets sur les animaux et sur le feu; de la
base du gaz hydrogène, de son inflammation et
de sa détonation.

Nous ne considérons pas l'air pur, mais l'air
chargé de vapeurs et d'exhalaisons, et conséquemment plus épais dans la campagne d'Alençon que
sur les coteaux d'Ecouves et de Perseigne.

Quoi qu'il en soit de la combustion instantanée des gaz hydrogène et oxygène, occasionnée dans l'atmosphère par l'étincelle électrique, il est certain que les orages font beaucoup de ravages dans le territoire d'Alençon, et que Jupiter, maître du tonnerre, lance souvent sa foudre sur ce malheureux pays.

En 1744, la foudre tomba sur la flèche de l'église Notre-Dame et fondit les cloches. Dans l'espace de 12 ans, on l'a vue trois fois tomber : la première sur la tour de Notre-Dame, dont elle enflamma la charpente, que l'on eut beaucoup de peine à éteindre ; la seconde, à peu de distance de la ville, sur un poirier, sous lequel elle écrasa un pauvre voyageur, qui s'y était réfugié ; la troisième, dans la rue de Bretagne, sur une quille de cheminée, qu'elle fendit par la moitié.

Il est très-rare que le Ciel soit bien pur et qu'il ne soit pas couvert de nuages, que les vents amoncèlent ou dissipent.

On croit un peu dans ce pays aux influences de la lune ; il faut bien que le temps change dans quelques phases de cet astre, comme dans quelques jours de la semaine, mais il est certain que la lune n'a aucune influence sur la température, et que ce sont les vents, quelle qu'en soit la cause, qui amènent le changement de temps.

En observant avec attention la direction, la douceur ou la violence des vents, on peut parvenir à connaître le temps qu'il doit faire, aussi sûrement qu'en suivant les indications barométriques, et beaucoup mieux qu'en consultant les pronostications de Mathieu Lænsberg.

Les vents qui soufflent sur Alençon ne sont pas aussi réguliers que les moussons des Indes orientales ; ils sont très-variés et très-inconstans. Je ne les suivrai pas dans tous les points du compas qu'ils parcourent, et je réduirai les 32 vents à huit principaux , en commençant par le Nord.

Le vent du nord , que les anciens peignaient avec des cheveux blancs , parce qu'il charie en hiver les neiges et les frimats, ne souffle pas constamment du même point ; il varie beaucoup au nord-ouest et au nord-est ; il est toujours très-froid en hiver , et jamais bien chaud en été ; en passant à l'est, souvent il s'y arrête et s'y fixe.

Le vent de l'est est de tous les vents le plus constant ; lorsqu'il est une fois fixé, il balaye tous les nuages, éclaircit le ciel qui devient pur et serein, amène en hiver le froid le plus piquant, et donne les plus beaux jours de l'été et les plus chauds.

Il est fort rare que le vent de l'est retourne au nord ; sa marche la plus ordinaire est de passer au sud. Alors le temps change infailliblement.

Le vent du sud amoncèle les nuages ; en hiver, souvent la neige tombe abondamment, et amène le dégel ; en été, la pluie, d'abord froide, se change en pluie fort douce. Ce vent ne souffle pas longtemps du même point ; après avoir beaucoup varié au sud-est et au sud-ouest, il passe ordinairement à l'ouest.

Le vent de l'ouest était pour les Grecs le plus doux, le plus agréable ; le Zéphir, époux de la déesse Flore, donnant la vie aux arbres et aux fruits, on le représentait sous la figure d'un jeune homme, avec un air serein.

Ce vent est, pour la ville d'Alençon, de tous les vents le plus funeste, variant beaucoup au sud-ouest et au nord-ouest, et chariant de tous les points une pluie froide, et souvent de la grêle. Si, dans ses continuelles variations, il vient à passer au sud et au sud-est, il ne tarde point à revenir sur ses pas, amenant les pluies les plus abondantes, et à la suite les plus affreuses tempêtes, qui sécouent, brisent les chênes robustes d'Ecouves et de Perseigne, arrachent les hêtres, dont les racines sont horizontales. Les Dryades sont dans la désolation ; Pomone est dans la douleur, ses enfans sont renversés par terre ; la cabane du pauvre est ébranlée ; les ardoises et les tuiles volent sur les places publiques et dans les rues.

CORPS INORGANIQUES.

J'ai montré les rapports de la ville et du territoire d'Alençon avec le soleil, avec le Dieu fabuleux du ciel. Je vais faire voir ses rapports avec Pluton, avec le Dieu fabuleux des Enfers, des lieux bas.

Pluton a eu en partage les souterrains, tous les corps inorganiques, que l'on nomme MINÉRAUX ; les terres végétales, les pierres et les sables de toute nature, vitrescibles et calcaires.

Le premier sol du territoire d'Alençon est incontestablement le granit, dérivé des grains de QUARTZ, DE FELD-SPATH et de particules de MICA qui entrent dans sa formation. Ce granit compose les superbes carrières de Beauséjour et de Hertré.

On en a tiré l'ancienne tour couronnée, le magnifique hôtel de la préfecture, la maison de ville en arc de cercle, les halles en rotonde, et le nouveau palais de justice.

On en tire les jattes et meules de pressoir, les croix de cimetière et de carrefour, les pierres MILLIAIRES des grandes routes, et les petits mercures qui bornent les champs.

On en tire les diamans qui ornent la chaussure, les doigts, le front et la chevelure de la jolie femme, et la tombe qui la couvrira.

Dans les champs, aux environs d'Alençon, en creusant un fossé, on découvre le fonds très-pur de l'ancienne mer; l'on trouve des cornes d'ammon, des petoncles, des griphites, des manches de couteau, des cœurs de bœuf, et beaucoup d'autres coquillages, de nature calcaire, qui sont si communs qu'ils ne font plus de sensation.

Sur la route de Bretagne, dans les monceaux de pierres qui servent à l'entretenir, on trouve des huîtres entières, et des pointes d'oursin converties en silex et qui étincellent sous l'acier; parmi ces pierres, on en distingue quelques-unes composées de petits cailloux de différentes espèces, jetés confusément sur un limon fangeux qui, en se durcissant, en a formé des poudingues que l'on trouve en bien plus grandes masses sur les bruyères de Héloup, et dans l'étang des Rablais, lorsqu'il est à sec.

Les sables d'Alençon se divisent en siliceux, graniteux et calcaires.

On tire de la campagne de Montsort, sur la route de Gênes, les siliceux qui servent à affermir le pavé, réparer les couvertures, crépir les murs et fourbir les poêles et casseroles.

On tire de Beauséjour le sable graniteux, dont les particules de MICA brillent au soleil comme de l'argent, et dont on se sert pour sabler les avenues des promenades et les allées des jardins.

On pourrait extraire aux portes d'Alençon le kaolin et le petunzé, qu'on néglige pour en extraire des glaises moins pures.

On tire de Damigni une glaise grossière, imprégnée de particules de fer, qui lui donnent une couleur brune, dont on se sert pour faire de la tuile et du pavé.

On tire de Semalé une glaise plus fine, dont on se sert pour fabriquer les terrines, plats, potines, dont il se fait une grande consommation, et toute la porcelaine du pauvre homme.

Ne pouvant qu'effleurer la science des minéraux que l'on trouve à la superficie du sol, je vais livrer quelques excavations aux méditations approfondies des minéralogistes.

A une petite lieue d'Alençon, au village Saint-James (ainsi nommé par les Anglais), on remarque des couches de pierres schisteuses qui surmontent l'ardoise, toujours plus ou moins inclinées, tandis que les couches de pierres calcaires sont généralement horizontales.

A un quart de lieue d'Alençon, près la ferme de Haut-et-Clair, on a ouvert une sablonnière qui présente différentes couches horizontales : 1 pied 6 pouces d'HUMUS; 1 pied de pierres calcaires, dures et sonores; 1 pied 4 pouces de pierres calcaires, plus tendres, jetées en désordre dans du gravier de même nature; 10 pouces de pierres de la même espèce, fortement liées par un ciment de couleur blanche ; 2 pieds de terre glaise ; deux pieds de différens coquillages très-durs, unis par une espèce de ciment ; 2 pouces d'argile brune, grasse et onctueuse ; 2 pouces de sable gris ; 4 pouces de sable tirant sur le bleu ; un pied de sable jaune, composé de couches très-minces, de nuance différente, qui représentent assez bien les feuillets d'un livre ; 2 pouces de sable gris ; enfin une couche de sable blanc sale, terme de l'excavation, et dont on ne peut déterminer l'épaisseur.

Au-dessus des Promenades, sur la cime du coteau qui partage le vallon de la Sarthe de celui de la Briante, on a fait une excavation de 30 pieds de profondeur, qui a offert différentes couches horizontales : 3 pieds d'humus ; 4 pieds de galets, dont les eaux ont effacé les parties anguleuses ; 3 pieds de sable rouge ; 4 pieds de sable noir, gras et onctueux, mêlé d'argile ; 1 pied de sable jaune, dans lequel se trouvent quelques morceaux de spath, qui n'étincellent point sous l'acier ; 8 pieds de cailloux, roulés par les eaux, liés par un ciment qui n'est pas très-dur ; 2 pouces de pierres calcaires ; 1 pied de sable jaune ; 2 pieds de sable rouge ; 3 pieds de sable jaune ; 4 pieds de sable noir, granit, dont l'épaisseur ne peut être déterminée, et qui est le premier sol d'Alençon.

ÊTRES ORGANISÉS NON MOBILES.

On ne parle plus des trois règnes de la nature. On divise les êtres en corps inorganiques et en corps organisés. Les corps inorganiques comprennent tous les minéraux, et les êtres organisés les végétaux et les animaux. Les végétaux sont les êtres organisés non mobiles, et les animaux sont les êtres organisés mobiles.

Le territoire d'Alençon est couvert d'êtres organisés non mobiles, depuis le lichen qui s'attache au granit, jusqu'aux chênes des forêts d'Ecouves et de Perseigne.

La nature est pleine de vie, qu'elle communique aux différens êtres, qui la propagent. La déesse Flore étend son empire sur la terre et sur les eaux.

La terre est couverte de graminées; les mousses s'attachent à la tige de l'arbre; l'orobanche croit sur les racines; la cuscute s'attache au genêt, et le gui croît sur le chêne. La renouée s'implante dans la jointure du pavé et renaît sous la lame du couteau qui l'extirpe. La balotte s'établit au pied du mur; le SEDUM et la pariétaire dans toutes les crevasses; les polypodes, les capillaires, l'HORDEUM MURALE se disputent la place; le lierre attache ses griffes, s'agrafe partout, grimpe jusqu'au haut, et menace de le renverser.

Toutes les plantes aquatiques sont réunies dans les fossés de la grande Sarthe. Le nénufar s'établit au milieu et couvre de ses larges feuilles la surface des eaux; l'EQUISETUM et la sagittaire, aux feuilles aiguës, percent au travers; l'iris à fleurs triangulaires, le LYCOPUS à fleurs verticillées, la lysimachie pyramidale et le butome en ombelle, se pressent sur les bords.

En multipliant les individus, la nature n'a pas moins multiplié les moyens de conserver et de pro-

pager les espèces. Les graines ont des enveloppes
épineuses, qui les garantissent, et des enveloppes
de formes différentes qui les répandent; les unes
roulent du haut des coteaux d'Écouves et de Perseigne; les autres nagent sur la Sarthe et la Briante;
les autres ont des ailes comme la semence du tilleul,
des aigrettes comme le pissenlit, et volent dans
les airs. Quelques graines ont des hameçons, comme
la bétoine, le GALLIUM, qui s'attachent aux jambes
des animaux et aux brodequins du chasseur, qui
les sèment ailleurs; l'écureuil et le mulot font des
provisions de faînes et de gland, qu'ils ne consom-
ment pas, et qui lèvent; le merle transporte les
cerises avec les noyaux, et la grive la baie du gui.
Quelquefois les gousses et les pericarpes, en s'ouvrant,
poussent leurs graines au loin; le concombre sauvage
lance les siennes jusqu'à 20 pieds. La surface de la terre
est imprégnée de graines, qui se nuisent par leur abondance et ne peuvent prospérer. On a démontré qu'une
seule racine de pavot donne quelquefois 32,000
graines, et que si toutes ces graines prospéraient,
elles couvriraient le globe de la terre dans l'espace
de 4 ans.

Autant la nature est habile pour conserver, autant
l'homme est actif pour détruire. Le jardinier, nouveau
Procuste, ajuste les arbres à sa taille, coupe ce qui
surpasse, arrache dans ses planches, sans miséricorde,
toutes les herbes qui lui nuisent, et promène encore
sa ratissoire dans les allées; le faucheur, dans les
prairies, abbat, sans distinction, renoncules et
graminées; la vachère arrache dans les campagnes,
sans rien épargner, les CONVOLVULUS, les tendres

véroniques , les bluets et les coquelicots , ornemens
des sillons ; comme le sauvage abat un arbre pour
en avoir le fruit , les femmes de Saint-Nicolas et
du Frou coupent les tiges du VACCINIUM, pour en
joncher le pavé d'Alençon ; elles mettent encore en
faisceau la bruyère en grelot , pour le balayage
des chambres et des rues ; la jeune fille flétrit sur
son sein les plus belles fleurs ; l'apothicaire broye,
dans un mortier, les racines , les tiges , les graines,
et donne les feuilles en infusion ; le bûcheron , armé
de sa hache , attaque l'antique chêne de lisière,
l'arbre de Jupiter , si respecté par les Diablintes ,
ses ancêtres ; les sabotiers ne ménagent pas plus les
beaux hêtres de la forêt de Perseigne ; répandus
dans les trente loges de Massevallée , ils tronçonnent,
fendent, bûchent , planent , creusent avec leurs
cuillers tranchantes , des sabots à la claque, pour
les aimables Parisiennes.

ÊTRES ORGANISÉS MOBILES.

Il paraît qu'il a dû exister quelque antériorité dans
les êtres organisés ; le chou a dû exister avant sa
chenille , le murier avant le ver à soie, le chêne
avant le cerf-volant, les fourmis avant le fourmillon ,
les araignées avant le troglodite , et les pigeons
avant l'épervier.

Quoiqu'il en soit, la nature répand bien autrement
l'esprit de vie sur les êtres animés qui ont besoin
de se mouvoir pour se maintenir et se perpétuer,
à partir de l'insecte presque insensible, jusqu'au
chien de berger le plus adroit.

Depuis le déluge , les animaux se sont bien multipliés sur le territoire d'Alençon ; s'ils ont été forcés
de vivre en paix dans l'arche , ils s'en sont bien dé-
dommagés ; les insectes s'entre-dévorent ; les reptiles
dévorent les insectes ; les quadrupèdes et les oiseaux
carnassiers dévorent les reptiles.

Les animaux font à l'homme une guerre cruelle ;
quelques insectes attaquent sa personne et sucent
son sang ; d'autres se jettent sur ses subsistances ;
les larves du hanneton rongent la racine de l'orge et
du froment ; le limaçon , les feuilles tendres de la
laitue , et le puceron , ses fèves ; la guêpe mange
ses poires ; la fauvette ses pois ; le merle ses cerises ;
la grive son raisin ; la mouche se glisse dans son
garde-manger ; la fouine dans son poulailler , et
le loup dans sa bergerie ; la vrillette mine sa table ;
la teigne coupe son habit , et le charençon se loge
dans le blé qui est dans le grenier.

L'homme se venge bien ; il poursuit l'espèce animale
sur terre , dans les airs , jusqu'au fond des eaux ,
dont il inquiète les paisibles habitans.

Toute la famille est vouée à la destruction. Le
fils, le plus ardent, s'occupe à rechercher les nids,
prend la mère, casse les œufs, pénètre dans les
buissons d'épines ; comme Michel Morin , monte à
la cime des arbres pour dénicher des pies ; s'il échappe
quelques couvées , il tend des ficelles , enduites de glu,
pour les prendre à l'abreuvoir, et en hiver il les
écrase sous l'assommoir. La mère, en cueillant de
l'herbe dans les champs , brise et dépèce , sans
rémission, tous les nids d'alouettes, de cailles et
de perdrix. Le père prend son fusil ; et, pour essayer

son adresse, tire l'hirondelle nouvellement arrivée des pays lointains, pour lui rendre service ; et qui, peu méfiante, revient toujours sous le coup. Dès que la chasse est ouverte, il se répand dans la campagne ; c'est une guerre universelle. A l'approche de l'hiver, toujours guidé par la fureur de détruire, il pénètre dans les bois, poursuit le renard rusé, le cerf agile, et sur-tout le loup, dont on a mis la tête à prix ; en temps de neige, il suit le train du lièvre, et l'assomme sur son gite.

PREMIERS HABITANS.

Les êtres organisés, non mobiles, affectent certains lieux. Le robuste chêne, amant des Oréades, affecte les montagnes, et implante ses racines dans les rochers. L'aune, amant des Naïades, baigne ses racines dans l'eau. Les plantes sont encore circonscrites par la température des zônes ; les unes appartiennent à la torride, les autres aux tempérées ; et les moins nombreuses aux zônes froides. Le palmier prospère dans le midi, et le sapin élève ses tiges pyramidales dans le nord.

Les êtres organisés mobiles ne sont pas moins bornés par les climats. L'éléphant habite les bords du Sénégal et de la Gambie, et le renne les montagnes de la Laponie.

Les oiseaux même, si indépendans par la puissance de leur vol, sont bornés par quelques lignes. L'oiseau du tropique ne sort point de son cercle de feu, et le lagopède ne sort jamais du cercle polaire.

L'homme, roi des animaux, habite tous les climats,

les sables brûlans de l'Afrique, et les glaces de la Sibérie. L'Indien détache un coco pour se nourrir, et se couche sous le cocotier pour dormir; et le Groënlandais, dans une frêle nacelle, affronte les glaces pour harponner un veau marin.

Le territoire d'Alençon, 48 degrés de la ligne équinoxiale, n'a pas été le dernier occupé. Les premiers habitans trouvaient facilement leur subsistance dans les fruits du hêtre et du châtaignier, qui couvraient le pays, comme l'attestent les nombreuses poutres de châtaignier que l'on trouve encore dans les vieux bâtimens; et cultivèrent bientôt, dans une campagne fertile, les espèces d'HORDEUM ET DE LOLIUM, qui ont produit l'orge et le froment.

Les Druides, fort versés dans la connaissance du Ciel, comme il parait par l'histoire de l'ancienne astronomie, ne se sont pas occupés à lever les cartes du pays et à indiquer les noms des peuples. D'ailleurs, ils ne permettaient pas à leurs écoliers de fixer par écrit les leçons qu'ils leur donnaient; il ne nous ont laissé aucuns renseignemens sur les habitans du territoire d'Alençon. Il faut recourir aux Romains, leurs conquérans, pour en avoir une idée bien incomplète.

On ne manque pas d'écrivains qui ont parlé des Gaules, sans les avoir vues; Pline, Strabon, en disent quelque chose, mais ils ne sont d'accord ni sur la position des lieux, ni sur les noms des peuples. L'itinéraire d'Antonin, qui devrait être exact comme un livre de poste, fourmille d'erreurs. Une des plus palpables est de faire marcher l'armée de Rouen à Paris par Evreux et par Dreux : ITER AB

ROTOMAGO LUTETIAM USQUE , MEDIOLANUM AULERCUM,
DUROCASSES , DIODURUM , LUTETIAM.

César, vainqueur des Gaules, et qui les a par-
courues , est de tous les écrivains le plus exact, et
celui qui mérite le plus de confiance ; mais comme
il écrivait ses commentaires en courant , il a encore
commis quelques erreurs, et n'a pu entrer dans un
grand détail. Il divise les Gaules en Belgique , Aqui-
tanique et Celtique. Les Belges habitaient entre le
Rhin et la Seine ; les Aquitains , entre la Garonne
et les Pyrénées ; les Celtes occupaient le milieu,
entre la Seine et la Garonne. Les Celtes étaient
divisés en Aulerces-Eburons au nord , Aulerces-
Cenomans au sud , et Aulerces-Diablintes au milieu.

Les Diablintes occupaient la rive droite de la
Sarthe, et étaient bornés au nord par les Ossimiens,
qui avaient pour cité OXIMUM ; à l'est, par les Essuins,
qui avaient pour cité Essai, et par les Unelles, qui
avaient pour cité Verneuil ; au sud , par les Aulerces-
Cenomans , qui avaient pour cité CENOMANUM ; à
l'ouest, par l'Armorique. On ne sait pas, bien quelle
était la cité des Diablintes ; quelques auteurs leur
donnent pour cité VAGORITUM , dans le Maine ;
d'autres NEODUNUM, près de Mayenne. Malheureu-
sement César, qui ne les aimait pas, parce qu'ils
avaient pris le parti des Venetes , ne donne là-dessus
aucuns renseignemens.

CULTE DES DIABLINTES.

Les Diablintes ne s'étaient point avisés de renfermer la Divinité dans l'obscurité des temples ; ils

n'avaient d'autres temples que la voûte des cieux, d'où est venu le mot TEMPLUM. Tous les ans, au renouvellement de l'année, qui commençait au solstice d'hiver, suivant César, les prêtres, appelés Druides, du chêne consacré à Jupiter, (DIEI PATER, DIEU DU JOUR), se réunissaient au milieu des bois ; ils étaient vêtus d'une robe blanche, emblème de la lumière, portant un bonnet pyramidal, emblème des rayons, et cueillaient, en grande cérémonie et avec beaucoup de respect, le gui parasite, emblème de l'abondance.

Ils célébraient le retour du soleil avec la plus grande solennité. Une vierge, imitation de l'Isis égyptienne, foulant aux pieds un serpent, prince des ténèbres, environnée d'étoiles, le croissant de la lune sur la tête, tenant un enfant, était l'emblème de la renaissance du soleil. On voyait dans la cathédrale de Chartres une vierge celtique, donnée aux Druides par PRISCUS, roi du pays, et qui portait pour inscription : VIRGINI PARITURAE. Pendant la cérémonie, les assistans, tenant des flambeaux à la main, criaient EVOHÈ! EVOHÈ! usage qui s'est perpétué jusqu'aujourd'hui, où l'on voit encore dans les campagnes les enfans agiter des flambeaux, en criant Noël! Noël!; et la bonne femme, appuyée sur son bâton, se traîner sous ses pommiers, avec une lanterne, emblème du soleil qui nourrit les fruits.

A l'équinoxe du printemps, les Diablintes se réunissaient encore pour célébrer la fête de Jupiter Ammon, symbole du soleil qui passe au signe du Belier.

Il y avait beaucoup d'emblèmes dans tous les cultes.

Le rational du grand prêtre des Juifs, orné de douze pierres précieuses, était l'emblème des douze signes du zodiaque ; et les trois cent soixante-cinq clochettes qu'il portait au bas de sa robe, étaient l'emblème des trois cent soixante-cinq jours de l'année.

Les Chrétiens ont conservé à Rome le Panthéon et les noms des sept jours de la semaine, consacrés aux planètes. Tertullien reprochait aux Chrétiens de son temps d'allumer des cierges en plein jour, comme les Payens. Les Chrétiens d'aujourd'hui continuent d'allumer des cierges, emblème du Dieu de lumière qui éclaire tous les hommes : (LUX VERA, QUAE ILLU-MINAT OMNEM HOMINEM). Il faut des emblèmes pour fixer l'attention des fidèles, et peindre les objets qui ne tombent point sous les sens.

La gloire rayonnante du baldaquin de Notre-Dame est un symbole ; la Divinité n'a point de rayons, c'est l'emblème du soleil de toute justice (SOL JUS-TICIAE).

Le vieillard, avec une barbe, qu'on a peint au-dessus de l'autel de Saint-Léonard, est un symbole ; la Divinité n'a point de barbe ; c'est un emblème de l'ancienneté et de l'éternité de Dieu (ANTIQUUS DIERUM). Le Saint Michel de Montsort, qui terrasse un dragon, est un symbole ; les anges n'ont point de corps ; c'est l'emblème de la force ; l'emblème du fils de Dieu, vainqueur du Prince des ténèbres ; l'emblème de l'auteur de la vie, victorieux de la mort (MORS ET VITA DUELLO....).

Le pigeon qui descend sur les fonds baptismaux est un symbole ; l'esprit saint n'est point un pigeon, c'est

l'emblème de la grâce, de l'esprit qui vivifie (SPI-
RITUS QUI VIVIFICAT).

Par-tout on représente les anges avec des ailes ;
c'est un symbole ; les anges n'ont point d'ailes ; c'est
l'emblème de la vitesse des messagers du ciel
(ANGELIS SUIS MANDAVIT DE TE).

Au milieu de tous ces emblèmes, le peuple pourrait
s'égarer. Les Druides éclairés, en vénérant le soleil,
ne confondaient sûrement pas l'emblème avec la
Divinité ; mais le peuple ignorant pouvait fort bien
ne pas pénétrer plus avant, s'arrêter à l'image, objet
le plus frappant de toute la nature. QUID MAJUS ?...
QUID FORMOSIUS ?.... dit le savant jésuite Engelgrave,
page 238 SACRORUM EMBLEMATUM. PARCE, O RERUM
SATOR, IIS, QUI TE DUM QUAERERENT, IN EAM IMA-
GINEM TUI IMPEGÈRE.

Les Chrétiens, éclairés dans leur vénération pour
les images, ne s'en tiennent point aux emblèmes ;
mais un ignorant, qui vénère l'image d'un saint, paraît quelquefois s'y arrêter, puisqu'il adopte quelques
images, qu'il s'y adresse de préférence, et qu'il
leur attribue des vertus qu'il n'attribue point à
d'autres.

Les Diablintes avaient aussi des autels, sur lesquels
ils immolaient des victimes. César leur reproche d'immoler des victimes humaines. Le reproche pouvait
être fondé, bien d'autres peuples avaient commis
cette abomination ; mais César ne les aimait pas ;
César, qui n'avait pas le temps d'approfondir les
mystères des Diablintes, avait peut-être confondu
l'exécution d'un criminel avec l'immolation d'une
victime.

MONUMENS DES DIABLINTES.

Ces monumens, qu'on appelle Celtiques, se trouvent en assez grand nombre à des distances plus ou moins éloignées du territoire d'Alençon ; ils consistent en pierres perpendiculaires , nommées Pierres-Levées ; en pierres horizontales , qui servaient d'autels , et dans les noms de plusieurs lieux.

Les pierres perpendiculaires étaient consacrées au soleil , dont elles représentaient les rayons , à l'instar des pyramides d'Egypte. Il en existe plusieurs sur la paroisse de Héloup , dont quelques-unes debout , et les autres renversées et déformées par le marteau des tailleurs de pavé. On trouve une de ces pierres dans la forêt de Gouffern , et une autre entre Trun et Villedieu.

Les pierres horizontales sont en bien plus grand nombre. On trouve une de ces belles tables sur la paroisse de Fontaine-les-Bassets , une autre sur la paroisse de Fresnay-le-Buffard , une troisième de 6 à 7 pieds de diamètre sur la paroisse de Juvigni , une quatrième sur le mont Halouse , et une cinquième, de figure ovale , dont le grand diamètre est de 5 mètres , et le petit de 3 , sur le bord du chemin de Longni à Rémalard.

Plusieurs lieux des environs d'Alençon ont conservé leurs anciens noms celtiques.

Druetière, (DRUIDAE); Bray, Tinchébray (BRAIUM, boue); Trun , Troarn près Caen (marécages); Saint-Gervais-de-Briouse , Saint-André-de-Briouse , Saint-Denis-de-Briouse , Saint-Hilaire-de-Briouse , Ménil-de-Briouse, Halouse, Housseau (HOUSE , habitation); .

Halles , Ham , Hameau ; Mages , Gémages , Maugis-
Boissi , Maugis-Maisons (MAGUS , ville , village) ; la
Lande-sur-Eure , la Lande-de-Lougé , la Lande-de-
Goult , la Lande-Patri , la Lande-Saint-Siméon , Saint-
Martin-des-Landes , Landigou , Landisacq (LANDE ,
terre) ; Basoches-en-Houlme , Basoches-sur-Hoëne , la
Basocques , Occagnes , la forêt d'Ouche (OCQUES ,
eaux) ; Bière , Saint-Germain-de-Corbeis , Saint-
Pavin-sur-Beize , Bisou , Brieux , Bures , Buré , Bur-
sard , Aubri-en-Exmes , Aubri-le-Panthou (BIS , BRI ,
eaux) ; Saint-Lambert , Valframbert , Camembert ,
Champaubert , Corubert , Grébert , Ménil-Hubert-
sur-Orne , Ménil-Hubert-en-Exmes , Ménil-Imbert ,
Berthuis , Bernai-sur-Orne (BERG , montagne).

Il est beaucoup d'autres mots qui dérivent de l'ancienne langue des Celtes-Diablintes ; mais nous avons
changé beaucoup de lettres ; nous avons substitué au
v le B , qui a la même touche labiale , au W le C ,
au D le T , qui a la même touche dentale ; et dans
les mots qui commencent par CA , et qui se pro-
noncent K , nous avons ajouté un H , qui n'est
qu'une aspiration ; de Cahan nous en avons fait
Chahaut , Chahain (CAMPUS ALTUS) , et dans notre prononciation nous avons imité les sifflemens des serpens.

INVASION DES ROMAINS.

Il y a toujours eu beaucoup d'agitation sur le
petit globe que nous habitons , sur-tout en Europe.
Les Grecs ont conquis la Perse , les Romains ont
conquis la Grèce. Les peuples du midi ont foulé
les peuples du nord , les habitans du nord ont refoulé

les habitans du midi. Depuis la découverte de l'Amérique, les Européens se sont jetés sur ce pays comme sur une proie ; ils l'ont partagé, comme si c'eût été l'héritage de leurs pères ; les uns se sont emparé des îles, les autres du continent ; les Espagnols ont pris le midi, les Anglais ont pris le nord. Les autres nations se sont logées où elles ont pu.

L'ancien pays des Diablintes, le territoire d'Alençon, a subi bien des invasions. Les Romains, les Saxons, les Huns, les Francs, les Normands, les Manceaux, les Angevins, les Anglais, et en dernier lieu les Prussiens, l'ont dévasté tour-à-tour.

Les Romains sont les premiers qui ont envahi ce malheureux pays. Tite-Live raconte que, l'an 163 de la fondation de Rome, Bellovèse, neveu d'Ambigat, roi des Bituriges, conduisit en Italie une colonie de Celtes, parmi lesquels il y avait des Aulerces-Cénomans, et sûrement des Diablintes, et qu'ils s'y établirent à force armée.

533 ans après, les Romains, qui étaient RANCUNEUX, se proposèrent d'envoyer à leur tour une colonie de Romains s'établir dans les Gaules ; ils choisirent, pour commander l'expédition, César, qui fit la conquête de toutes les Gaules. Des légions romaines vinrent camper au Châtellier, à Bière, à Goult, peut-être sur la butte de Chaumont, et les habitans des rives du Tibre donnèrent des loix aux habitans des rives de la Sarthe.

Cependant César, ayant été obligé de s'absenter, envoya CRASSUS avec une légion dans l'Anjou, pour contenir le pays. Les vivres venant à manquer, CRASSUS, pour s'en procurer, envoya des commissaires chez les Venètes et chez les Essuins.

Les Venètes arrêtèrent les commissaires, les Essuins en firent autant et se préparèrent à la guerre. Ils appelèrent à leur secours les Diablintes, les Ossimiens, les Lexoviens et les Unelles, qui se confédérèrent pour secouer le joug des Romains.

SABINUS marcha avec trois légions pour réduire ces braves défenseurs de leurs droits, que les Romains traitaient de révoltés, et campa dans le pays.

Le général celte, Viridovix, conduisait les confédérés, qui auraient pu bloquer les Romains dans leur camp et les affamer ; mais, entraînés par l'envie de chasser promptement leurs oppresseurs, ils attaquèrent le camp avec beaucoup d'impétuosité, et un peu de désordre. Les Romains sortirent inopinément de leur camp par plusieurs issues, chargèrent les téméraires assaillans, en firent une horrible boucherie, et la cavalerie, poursuivant les fuyards, compléta la victoire.

Les historiens sont fort empêchés à déterminer les pays des nations confédérées et à fixer le lieu du carnage ; je pourrais faire là-dessus une longue et pesante dissertation ; je me contenterai de quelques légères observations.

Les uns placent les Unelles dans le Cotentin, les autres sur le territoire de Verneuil (VERI UNELLI) ; les uns placent les Ossimiens en Basse-Bretagne, les autres sur le territoire de la ville d'Exmes. Il est facile de tout concilier, puisqu'il est constant qu'il y avait deux branches d'Unelles et deux d'Ossimiens, fixées sur différens points, dont les unes étaient attachées à la souche, et les autres en avaient été détachées.

Pour le champ de bataille, les uns le placent dans le Cotentin, les autres sur la montagne des Sablons, près Bellême, les autres au Châtellier, paroisse du Cercueil. Cette dernière opinion nous paraît la plus probable, parce que SABINUS était plus à portée de réduire les insurgés, parce que l'on voit dans les environs beaucoup d'emplacemens de camp, à Bière, à Goult, à la Lande-de-Goult et à Fouillet.

César, à son retour, le clément César, fit mettre à mort les magistrats de Vannes, et vendre à l'encan les habitans. Tous les confédérés se soumirent. Quand on a affaire à un maître dur, qui, pour vous empêcher de vous servir de vos jambes, vous met les fers aux pieds, et, pour vous empêcher de vous servir de vos mains, vous met des menottes, il vaut mieux obéir.

César se contenta d'envoyer une légion chez les Essuins et les Diablintes, pour y vivre à discrétion. Les pauvres vaincus acceptèrent la douce punition avec reconnaissance ; ils aimaient beaucoup mieux cultiver leurs champs pour les Romains, et les arroser de leurs sueurs, que de les baigner de leur sang.

La paix, la confiance s'établirent, les familles s'unirent, les Diablintes gagnèrent même beaucoup à avoir pour maîtres les Romains, qui leur communiquèrent leurs arts, leurs sciences, les Offices de Cicéron, la morale d'Epictète, qui les prépara à recevoir l'Evangile ; leurs grands auteurs, Virgile, Horace, Tacite, Tite-Live, qui font les délices des connaisseurs ; sur-tout leur belle langue, si universellement répandue, et qui est encore aujourd'hui la langue des savans, des prêtres, des hommes de loi, des médecins, des Boërhave et des Sydenham.

MONUMENS DES ROMAINS.

Dans les régions de l'ouest , on ne trouve pas d'antiquités romaines , comme le pont du Gard et l'amphithéâtre de Nimes. Il n'y a , dans les environs d'Alençon, de monumens romains que la fontaine de la Herse , près Bellême , l'emplacement de plusieurs camps , les restes d'une voie romaine , d'Exmes à Vieux , qui traverse à Cinteaux la route de Falaise à Caen , et les noms d'un grand nombre de lieux.

Voici l'inscription de la Herse , sur laquelle on a tant disserté :

VENERI ,
MARTI ET
MERCURIO
SACRUM.

Ces trois divinités payennes ne sont qu'une peinture des productions de la terre. VENUS est l'emblême de ces productions ; MERCURE , celui des échanges qui s'en font ; et MARS , celui de la force , qui les conserve.

Les camps romains étaient composés de terre et de cailloux, HUMO ET LAPIDUM MOLIBUS. Les vents et les pluies ayant enlevé les terres , il ne reste plus que les pierres. Ces camps réunissaient deux enceintes d'inégale grandeur. On en voit sur la butte de Chaumont , à Goult et à Bière.

Les noms de beaucoup de paroisses des environs d'Alençon dérivent de la langue romaine. On rit avec raison des étymologistes , qui dérivent PECCARE de PECUNIA CARERE ; mais les étymologies ne sont point aussi frivoles qu'on le croit. Les mots dans la langue grecque peignent souvent les choses, et ils les peignent aussi très-souvent dans les langues latine et française. Le mot SOL, par exemple, est composé de trois lettres, qui peignent sa nature ; S représente le zodiaque, les serpens entrelacés de Mercure ; O, sa figure, et L coulante, son mouvement apparent. Le mot CAIGNARD, qui paraît n'avoir rapport à rien, est très-scientifiquement composé des premières syllabes de trois mots latins, CA-IGN-ARD, qui peignent cet ustensile ; CA-PIENS IGNEM ARDENTEM.

Je ne citerai que quelques noms de paroisses qui ont rapport à la position : montagne, coteau, rocher, vallée, rives, fontaines, plaines ; à la nature du terrain et aux productions.

De MONS sont dérivés Montrond, Entremont, Trémont, Montabard, Mont-Secret (SECRETUS), Mont-Chevrel, Mongaroult, Montgaudry, Montmarcey, Montmerré (MONS MOERORIS).

De RUPES sont dérivés Roch-sur-Egrennes, Roche-Mabille (RUPES MABILLAE).

De COLLIS sont dérivés Coulonces, la Coulonche, S.t-Marc-de-Coulonche, Coulonges-sur-Sarthe (COLLIS LONGA); Coutern (COLLIS TRENA).

De VALLIS sont dérivés Théval, Grandval, Brévaux, Vaucé, Vaunoise (VALLIS NUCIUM).

De RIPA sont dérivés Ri, Haute-Rive.

De FONS sont dérivés Fontaine-les-Bassets, Fontenai-sur-Orne, Fontenai-les-Louvets, Bel-Fonds, Segrie-Fontaines (SECRETUS FONS).

De CAMPUS sont dérivés Champs, Champeaux-sur-Sarthe, Champeaux-en-Auge, Champosoult, Champ-

Secret (CAMPUS SECRETUS), Chanu (CAMPUS NUDUS),
Torchamps (TORTUOSUS CAMPUS).

De PETRA sont dérivés Rouperroux (RUBRA PETRA),
Montperroux , Pierrefite , le Perron , la Perrière ,
Eperrais.

Des productions sont dérivés Avênes (AVENA),
Pomainville (POMOSA VILLA), Vignats (VINACEA),
S.ᵗ-Martin-des-Peserits (PISUM), Faverolles (FABALIA),
Pacé (PASCUAE).

De différentes dénominations latines sont dérivés
Résenlieu pour récent lieu (RECENS LOCUS) , Louvières
(LOCUS VERIS), Carrouges (CASA RUBRA) , Casault
(CASA ALTA), Montreuil (MONASTERIOLUM) , Neuvi
(NOVUS VICUS), Neuilli , Neuville (NOVA VILLA).

INVASION DES SAXONS.

Les Diablintes s'étaient accoutumés à la domination des Romains. Ils cultivaient tranquillement leurs
champs, lorsqu'ils reçurent la visite de nouveaux hôtes ,
beaucoup plus exigeans , et que les Romains eux-
mêmes furent forcés de souffrir.

Il y avait longtemps que les Saxons , descendus
du nord de la Germanie , rodaient autour de nos
côtes et de celles de l'Armorique , pour pénétrer dans
le pays. Dès l'an 286, Dioclétien envoya CARAUSIUS
à Boulogne-sur-Mer , pour défendre les côtes de l'Armorique et de la Belgique contre les Saxons qui les
infestaient.

Vers l'an 368 , pendant que les généraux romains
se disputaient les lambeaux de l'empire , les Saxons
enhardis s'emparèrent d'une partie des côtes qu'ils

longeaient depuis longtemps, et débarquèrent à Cour-
seulles et à l'embouchure de l'Orne, entre Sallenelles
et Ouestréham.

Les Saxons n'avaient point à leur tête un général
qui fit des commentaires comme César ; c'est pour-
quoi les détails de l'expédition ne peuvent être aussi
étendus. Il est certain qu'ils occupèrent une partie de
l'Armorique, qui prit le nom de LITTUS SAXONICUM,
et qu'ils s'établirent dans plusieurs lieux du Bessin,
auxquels ils donnèrent le nom d'OT, qui signifie possession. Ils étaient connus sous la dénomination de
Saxons du Bessin, et enfin de SESNES de Bayeux.

Ces barbares ne restèrent pas longtemps concentrés
dans le Bessin ; le pays qu'ils avaient dévasté ne suf-
fisait plus à leur rapacité ni même à leur subsistance.
Après avoir détruit la ville de VIEUX, ancienne et
célèbre cité des Viducasses, où l'on trouve tous les
jours tant de monumens romains, ils remontèrent
l'Orne, et vinrent jusqu'a sa source fonder la ville
de Seès.

Les Saxons donnèrent à la ville qu'ils avaient fondée le nom de SAXIA, et les habitans prirent le nom
de SAXONES, SAXII ; Patrat signait, en 825, PATRATUS
SAXONIAE ECCLESIAE PRAESUL ; Azon signait, en 990,
AZON CIVITATIS SAXONUM ECCLESIAE PRAESUL ; Yves
de Bellême signait, en 1032, YVO, EPISCOPUS SAXEN-
SIS. La prononciation tend toujours à s'adoucir ; au
lieu de SAXIA, l'on prononça et l'on écrivit SAIA,
SAGIUM, SAII, SAGIENSES.

Les fondateurs de Seès ne tardèrent pas à se répandre dans le pays, chez les Essuins et les Diablintes,
qu'ils pillèrent ; ils passèrent ensuite la Sarthe, aux

environs d'Alençon , pénétrèrent sur le territoire des Cénomans , où ils formèrent quelques établissemens , qui prirent le nom de Sonnois.

ETABLISSEMENT DU CHRISTIANISME.

Le sénat romain avait envoyé César pour conquérir les Gaules , ravir les droits et les biens des Diablintes , qui ne lui avaient jamais fait de mal.

L'évêque de Rome , chef de l'Eglise , envoya des missionnaires pour prêcher l'Evangile à ce pauvre peuple dépouillé , et lui donner en échange les biens éternels , ce qui valait un peu mieux.

S.t LATUIN , originaire d'Angleterre , est le premier qui , dans le 5.e siècle , ait répandu dans ce pays la semence de la parole , et converti les Essuins et les Diablintes. C'était un très-bel homme , d'une prestance avantageuse , d'une jolie figure , doué d'une grande éloquence , comme les orateurs de son île ; faisant de grands miracles ; comme S.t Pierre , de son ombre guérissant les malades. Il n'est point étonnant qu'il réussit ; toutes les circonstances étaient favorables.

S.t LATUIN , qui avait reçu les dons de la nature et de la grâce , annonçait le royaume des cieux à de pauvres gens qui avaient tout perdu ; montrait le Sauveur en croix aux femmes dans l'affliction ; exposait la morale la plus pure par les paraboles les plus familières du laboureur qui sème , du pasteur qui garde les brebis , de la femme qui fait son levain , du riche et du lazare ; il expliquait les emblêmes significatifs des eaux du baptême , du pain et du vin de la sainte Cène.

Les magistrats romains, très-tolérans, ne troublèrent point ses prédications. Il n'y eut qu'une femme puissante, qui jeta la pierre du scandale dans son chemin, en répandant sur son compte les plus affreuses calomnies.

Le peuple de Seès eut la faiblesse d'y croire. Le saint fut insulté jusque dans les rues, forcé de quitter la ville et de se retirer à deux lieues, au village de Cleray.

Latuin continua de prêcher dans le désert. Le peuple accourut en foule pour l'entendre. De cruels meurtriers, qui étaient venus pour lui couper la gorge, se jetèrent à ses pieds, lui demandèrent pardon, et se convertirent. Quelques-uns disent qu'il mourut à Cleray; d'autres qu'il revint à la ville, qu'il y mourut au milieu de ses disciples, regardé comme le fondateur et le premier évêque de l'Eglise de Seès.

Deux autres Anglais continuèrent la bonne œuvre. Persécutés dans leur île, Raven et Rasyphe vinrent s'établir près de Seès, où ils exercèrent la médecine, cachant ainsi le ministère apostolique sous le manteau du médecin; en recommandant à leurs malades l'usage des herbes dont ils vivaient eux-mêmes, ils glissaient les leçons de l'évangile, et guérissaient en même temps le corps et l'âme.

Deux autres saints, Cenery et Evroult, ont aussi beaucoup contribué à la conversion des Diablintes.

S.ᵗ-CENERY, né à Spolette, un des sept diacres de l'Église romaine, abandonna les douceurs de la ville pour habiter la plus affreuse solitude qu'il pût trouver; il s'arrêta à deux lieues d'Alençon, au milieu des rochers qui bordent la Sarthe, d'où il se répandit aux environs pour annoncer l'évangile; convertit un grand nombre d'habitans, dont il emmena 140 dans sa solitude, où ils vivaient d'herbes, comme lui, et récitaient chaque jour les 150 pseaumes que les prêtres d'Alençon récitent aujourd'hui dans une semaine.

De son côté, S.t Evroult, originaire de Bayeux, après avoir vécu 14 ans à la cour de Clotaire, renonça aux délices du monde pour venir prêcher les voleurs de la forêt d'Ouche, qui étaient en grand nombre, dont il fit de fervens religieux.

ÉVÊQUES DE SEÈS.

Comme la ville d'Alençon dépend du diocèse de Seès, et qu'elle était autrefois le chef-lieu d'un doyenné, je crois pouvoir dire quelque chose des évêques qui ont occupé le siége.

L'Eglise de Seès compte 77 évêques depuis S.t Latuin, en 440, jusqu'à M.gr DE SAUSSOL, installé le 1.er novembre 1819.

On voit, dans une des salles de l'évêché, les portraits des évêques de Seès, qui rendent bien la vérité du costume et de la barbe, mais non celle de la ressemblance.

Comme les premiers évêques portaient tous le nom de Sanctus (consacré), aujourd'hui réservé au pape qu'on appelle Sainteté, il n'est point étonnant qu'il y en ait un grand nombre d'inscrits au catalogue des saints, qui l'ont mérité par leurs vertus. L'Eglise de Seès en reconnaît huit :

S.t Latuin, dont nous avons parlé, fondateur de l'Eglise de Seès, 1.er évêque.

CATHÉDRALE DE SÉES.

Pag. 34.

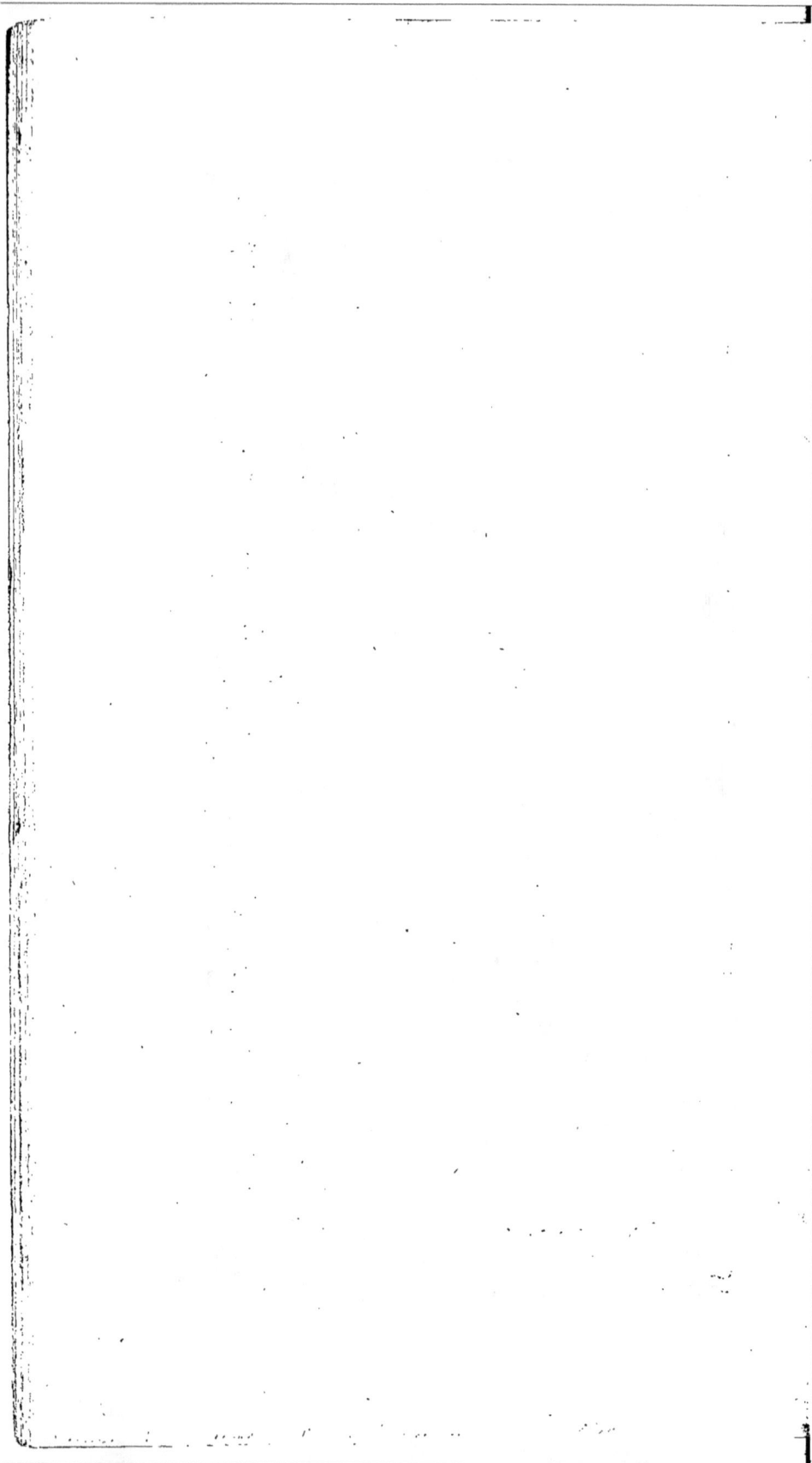

S.t S<small>IGISBOLDE</small>, de race saxone, souffrit beaucoup des incursions des Alains et des Huns, et mourut dans un âge fort avancé.

S.t L<small>ANDRI</small> fut mis, dit-on, dans un tonneau garni de pointes de fer. Imitation du supplice de Régulus.

S.t P<small>ASSIF</small> voyagea beaucoup pour visiter ses confrères voisins, du Mans et de Coutances, et ne manqua à aucun des quatre Conciles, qui furent tenus de son temps à Orléans.

S.t M<small>ILHÉARD</small> assista aussi à plusieurs Conciles, et favorisa beaucoup les moines, sur-tout S.t-Cenery.

S.t R<small>AVĒN</small>, qui s'était fait moine, fut, dit-on, appelé, sur une révélation, pour occuper le siége; mais il renonça au Gouvernement du diocèse, pour aller mourir dans son monastère.

S.t A<small>LNOBERT</small> fit tous les sacrifices pour procurer du pain aux habitans de Seès dans une disette.

S.t-Loyer était un grand seigneur des bords de la Moselle; il suivit longtemps la cour, fit plusieurs campagnes; mais, après la mort de sa femme, dégoûté du monde, il partagea tous ses biens à ses enfans, se revêtit d'un méchant habit, et se retira dans un désert aux environs de Rouen. On fut le chercher dans sa solitude pour l'élever sur le siége de Seès; mais il demanda au peuple la permission de se retirer dans un ermitage, et y mourut.

S.t G<small>ODEGRAND</small>, d'une illustre famille de l'Hiémois, succéda à S.t Loyer; il quitta peut-être imprudemment son diocèse, pour faire un pélerinage à Rome. Pendant son absence, l'Eglise de Seès fut dans une grande affliction. A son retour, s'étant mis en

route pour aller voir sa sœur Opportune, abbesse
d'Almenêches, son filleul, feignant de l'embrasser,
le frappa de deux coups de poignard à la tête, et
le fit tomber mort. On le célèbre dans l'Église de
Seès, comme martyr ; mais, si pour être martyr,
il faut mourir pour la foi, S.t Godegrand, assassiné sur une route, en allant voir sa sœur, n'est
point martyr dans la force du mot; non plus que
S.t Thomas de Cantorbéri, qui mourut pour le tem-
porel de son église.

S.t GÉRARD, issu des comtes d'Exmes, succéda
à S.t Godegrand. On dit qu'il sortit trois fois de
son tombeau, comme pour demander une sépulture
plus honorable. En conséquence, les chanoines firent
faire une châsse d'argent, pour le renfermer ; mais,
en 1562, les REITRES brutaux, conduits par l'amiral
Coligni, s'emparèrent du reliquaire, et brûlèrent les
reliques.

S.t ADELIN était un très-savant moine, qui fut
tiré de son cloître, pour être élevé sur le siége
épiscopal ; il fit le vœu d'écrire la vie et les miracles de S.te Opportune, qu'il exécuta. Le pieux his-
torien raconte ingénûment qu'un paysan, étant venu
se plaindre à S.te Opportune que l'âne du couvent,
qui allait dans la forêt chercher la provision de
bois, lui faisait beaucoup de dommage, en passant
dans son pré, la sainte lui répondit qu'il était aussi
vrai que son âne ne lui faisait point de dommage,
comme il le serait que, le lendemain, le pré serait
couvert de sel. En effet, le lendemain, le pré fut
couvert de sel et prit le nom de Pré-Salé.

Il raconte encore qu'un jour le jardinier du couvent

tua des oiseaux , qui mangeaient ses pois , et qu'il en
fit une fricassée ; que S.te Opportune , en passant
dans le tour , aperçut les petits os ; qu'elle réprimanda
fortement le jardinier ; puis qu'elle prit les os, les
réunit , rendit la vie aux oiseaux , qui prirent leur
vol. Il ajoute qu'un des petits os de la jambe , n'étant
plus entier , l'espèce a toujours boîté depuis.

S.t ADELIN est le dernier des évêques de Seès qui
ait été canonisé, quoiqu'il y en ait beaucoup qui
auraient mérité de l'être par leurs vertus ; mais
aujourd'hui les formalités sont plus grandes , et les
procès-verbaux beaucoup plus chers.

RADBOD DE FLEBS , évêque de Seès , vers l'an
1040, était marié, comme, quelques années avant,
Sigefroy , évêque du Mans , dont la femme prenait
le titre D'EPISCOPISSA.

On ne sait point si Radbod était marié avant
son ordination , ou s'il s'était marié depuis.

Dans ces temps-là , plusieurs prêtres romains étaient
mariés, comme les prêtres grecs. Leurs femmes ne
prenaient pas le titre d'épouses , elles étaient appelées
FAEMINAE CONDUCTITIAE (COMPAGNES.) On dit que
les curés achetaient des évêques le droit d'avoir de
ces femmes ; ce qui était une espèce d'amende, et un
hommage rendu à la discipline des églises occidentales.

YVES DE BELLÈME , 31.e évêque de Seès , 5.e fils
de Guillaume Talvas II , seigneur d'Alençon , était
un très-bel homme , très-spirituel et très-gai, qui ,
en voulant chasser de la cathédrale des brigands
qui s'en étaient emparés , y mit le feu par mégarde.
Quelque temps après, YVES, se trouvant à un con-
cile tenu à Rheims, reçut du pape une très-violente

réprimande. QU'AVEZ-VOUS FAIT, MÉCHANT? VOUS AVEZ BRULÉ VOTRE MÈRE. JE VOUS DONNE POUR PÉNITENCE DE RÉPARER VOTRE ÉGLISE. L'évêque de Seès, quoiqu'il ne fut pas coupable, accepta la pénitence, et engagea tous ses biens pour l'exécuter.

SERLON, surnommé L'ÉLOQUENT, qui de moine de S.ᵗ-Evroult, devint évêque de Seès, se mêla beaucoup de politique, excommunia Robert de Bellême, son seigneur; prit le parti de Henri I, roi d'Angleterre, contre Robert, duc de Normandie.

HENRI, ayant fait un voyage en Normandie, et se trouvant à Carentan le jour de Pâques, se rendit à l'église. SERLON, en habits pontificaux, l'y attendait; et s'adressant au roi, en poussant de profonds soupirs : Sire, LA NORMANDIE EST SANS CHEF...., LES TEMPLES SONT VIOLÉS...., NE DIFFÉREZ PAS...., ARRACHEZ LES PEUPLES DES MAINS DES PERVERS....; VOTRE FRÈRE ROBERT N'EST DUC QUE DE NOM.... IL EST LIVRÉ DANS SON PALAIS A LA MOLLESSE ET A LA DISSOLUTION.... IL DÉPENSE EN SUPERFLUITÉS LES REVENUS D'UN ÉTAT PUISSANT; ARMEZ VOTRE BRAS.... Puis il se mit à prêcher contre les longues chevelures, tira des ciseaux de sa manche, tondit le roi et tous les seigneurs de la cour.

JEAN DE NEUVILLE, neveu et successeur de Serlon, régularisa le chapitre de Seès.

JEAN BERTAUD, 65.ᵉ évêque de Seès, est auteur de ces jolis vers :

> FÉLICITÉ PASSÉE,
>
> QUI NE PEUT REVENIR,
>
> TOURMENT DE MA PENSÉE,
>
> QUE N'AI-JE, EN TE PERDANT, PERDU LE SOUVENIR!

JEAN FORCOAL, 69.e évêque, est très-connu par ses statuts.

ALEXANDRE L'ALLEMAND, 73.e évêque, en présentant au clergé le nouveau bréviaire, s'excuse d'avoir divisé, à l'instar du BEATI IMMACULATI, les pseaumes, qui étaient trop longs ; invite les prêtres à ne pas attendre le dernier coup de la cloche pour se rendre à l'office, en accourant, INSTAR VENATORII CANIS, HIANTE ORE, et à réciter l'office avec beaucoup d'humilité, UT MISERI HOMUNCIONES, VILES RANUNCULAE.

LOUIS-FRANÇOIS NÉEL DE CHRISTOT, 74.e évêque, ancien conseiller au parlement de Rouen, qui avait admiré la longanimité des curés plaideurs, qui fatiguaient la cour pour la dîme d'un cochon de lait, ou d'un vieux poirier qu'on pouvait abattre, arrangeait toutes les contestations, et ne permettait jamais à ses curés de plaider avec leurs paroissiens.

JEAN-BAPTISTE DUPLESSIS D'ARGENTRÉ, fondateur du palais, dont il ne jouit pas longtemps, sortit de la France en révolution, et se retira à Munster, où il est mort. Il était du nombre des 38 évêques qui protestèrent contre le concordat de Pie VII et de Buonaparte ; mais il y a beaucoup d'apparence qu'il serait rentré avec le roi, dont il avait été l'aumônier, et qu'il se serait soumis.

HILARION DE BOISCHOLLET occupa le siége dans les circonstances les plus difficiles, lorsque toutes les têtes bouillonnaient encore. Buonaparte, en passant à Alençon, le 27 mai 1811, mit le comble aux peines de l'infortuné prélat, en l'accablant des plus violens reproches, et le forçant de donner sa démission.

L'évêque quitta la ville épiscopale au milieu des lamentations du peuple , pour s'en retourner mourir dans son pays.

L'Eglise de Seès fut longtemps dans l'affliction. M. Baton , nommé évêque par Buonaparte , aurait pu la consoler; mais , n'ayant point reçu son institution canonique , il fut forcé de gouverner, en vertu des pouvoirs capitulaires , qui lui furent même retirés ; ce qui occasionna une petite division dans le chapitre et dans le clergé.

M.gr de Saussol , nommé par le Roi évêque de Seès , a été sacré, le 3, octobre 1819 , à Paris, dans la chapelle des sœurs de la charité, de la rue du Bac , par M.gr de Couci, archevêque de Rheims ; le 1.er novembre suivant , il a été solennellement installé , présence de M. le marquis De Lamorelie , préfet du département, de M. le président du tribunal de première instance, de M. le procureur du Roi , et de plusieurs autres fonctionnaires publics. Le 19 du même mois , M.gr l'évêque a fait son entrée à Alençon ; le 21 , il a officié pontificalement dans l'église Notre-Dame ; le 22, il a donné la confirmation et ensuite visité l'hôpital et bicêtre, où il a donné la bénédiction , versé des consolations dans le sein des affligés , et fait remettre 100 fr. à l'aumônier , pour être distribués aux pauvres de la maison.

INVASION DES FRANCS.

Après l'invasion des Saxons, qui avaient fondé la ville de Seès , et dévasté le territoire d'Alençon, d'autres barbares , sortis des régions septentrionales, connus sous les noms d'Alains et de Huns , désolèrent

encore ce malheureux pays, que les Romains af-
faiblis ne pouvaient plus protéger.

L'invasion des Alains fut même beaucoup plus
funeste que celle des Saxons ; ils pillaient également
les Diablintes et les Romains.

Les Alains, après avoir ruiné le territoire d'A-
lençon, entrèrent dans l'Armorique, qu'ils dévas-
tèrent. OEtius, qui commandait dans les Gaules pour
les Romains, envoya Lictorius pour les combattre.
Lictorius n'ayant pas réussi, et OEtius se trouvant
dans l'impuissance de réduire ces barbares, firent la
paix, vers l'an 441, avec Eocaric, leur chef, et
lui cédèrent l'Armorique.

Ces invasions ne sont rien auprès de celles des
Francs, qui minèrent peu à peu la puissance des
Romains dans les Gaules, et ruinèrent totalement
leur domination.

Déjà plusieurs chefs des Francs s'étaient emparé
de différentes portions des Gaules ; mais ce fut
Clovis, qui fit la conquête du territoire d'Alençon et
de ses environs. -

Ce prince, après avoir conquis l'Armorique et
tous les pays occupés par les Ossimiens, les Sagiens,
les Essuins, les Diablintes et les Cénomans, devint
le seul maître du territoire d'Alençon, ayant donné
à son frère Rignomir le territoire des Cénomans, sur
la rive gauche de la Sarthe. Mais ce malheureux
prince n'en jouit pas long-temps ; l'ambitieux Clovis
le fit tuer pour posséder le tout.

Les Romains avaient divisé le territoire par mé-
tropoles et diocèses. Rouen était métropole, et Seès
diocèse ; Alençon n'était rien.

Les descendans de Clovis firent une autre division du territoire par comtés, vicaireries et céntenies; et ce fut alors que fut formé le comté d'Exmes, d'une étendue considérable, comme devant être l'apanage d'un des membres de la famille royale, et même un royaume, suivant Orderic-Vital.

Ce comté, dont le chef-lieu était la ville d'Exmes, s'étendait depuis la Sarthe jusqu'à la mer, et depuis Nogent-le-Rotrou jusqu'à Caen. Il comprenait au nord le pays d'Auge, tout le diocèse de Lisieux, une partie de celui de Bayeux; à l'est, l'Ouche, le Corbonnois et le Bellemois, une partie des diocèses d'Evreux et de Chartres; au sud, le canton de Seès, celui d'Essay et le territoire d'Alençon; et à l'ouest, le Houlme et le Passais.

Le comte d'Exmes avait établi une vicairerie à Corbon, deux lieues sud-est de Mortagne, qui devait alors être considérable; une centenie à Seès, et une centenie à Alençon: IN VILLA QUAE SITA EST IN PAGO OSISMENSI IN CENTENA ALENTIONENTI. Le centenier n'avait de juridiction que sur cent familles, peut-être que sur cent hommes; il ne jugeait jamais des cas royaux, ni en dernier ressort; c'était un simple officier de police, un juge de paix.

INVASION DES NORMANDS.

Le pays avait changé de nom; il s'appelait alors Neustrie, et les Diablintes s'appelaient Neustriens, habitans de l'ouest. Ils ne furent pas très-malheureux sous la domination des Francs; mais le calme dont ils jouirent ne dura pas long-temps. Le nord inépuisable vomit bientôt dans la Neustrie un nouvel essaim de barbares.

Rollon, fils d'un seigneur du Danemarck, surnommé le Riche, ayant eu guerre avec le Roi, fut vaincu, et tous ses biens furent confisqués. Forcé de quitter sa patrie, il rassembla ses amis, équipa une petite flotte et se livra à l'élément des mers, pour chercher fortune ailleurs.

La tempête ayant jeté l'infortuné prince sur les côtes de la Frise, il fut pillé par les Frisons ; mais il s'en vengea cruellement, ravagea tout le pays à son tour, battit Rembaut, duc des Frisons, et fit prisonnier Reignier, comte du Haynaut, qui était venu à son secours, et qu'il ne rendit que moyennant une forte rançon.

Après cette expédition, Rollon se rembarqua, suivit la côte jusqu'à l'embouchure de la Seine, qu'il remonta ; n'ayant trouvé aucun obstacle dans sa route, il arriva, l'an 878, devant la ville de Rouen, qui lui ouvrit ses portes.

Rollon ne resta pas long-temps à Rouen ; il remonta la Seine. Renaud, duc d'Orléans, et Hasting, comte de Chartres, se réunirent pour lui fermer le passage ; ils le rencontrèrent à l'endroit où l'Eure se jette dans la Seine ; ils envoyèrent demander le nom du chef ; il fut répondu qu'il n'avait pas de nom, c'est-à-dire de titre. On offrit des terres sous la condition de l'hommage ; il fut répondu qu'ils ne rendaient hommage à personne. Il fallut se préparer au combat ; Rollon remporta une victoire complète, et marcha sur Paris.

Paris ne renfermait alors que la Cité, et était

entouré de fortes murailles. Rollon fit tous ses efforts pour s'en emparer, et ne réussit pas ; il tourna le siége en blocus ; mais, en voulant affamer la ville, il s'affama lui-même, et fut obligé de retourner dans la Neustrie, pour se procurer des vivres.

Les pauvres Neustriens tremblèrent, se sauvèrent où ils purent, emportant ce qu'ils avaient de plus précieux ; et comme ils avaient appris que les Danois, sectateurs d'Odin, ne respectaient guère les reliques, et qu'ils les brûlaient pour s'emparer des reliquaires, ils transportaient leurs saints, qui n'avaient peut-être jamais autant voyagé pendant leur vie.

Ce fut alors que les Neustriens d'Alençon éprouvèrent toutes les horreurs de l'invasion ; que tout le pays fut cruellement dévasté par l'armée de Rollon, qui marchait sur plusieurs colonnes.

Arrivé, en pillant tout sur le chemin, devant la ville de Bayeux, Rollon la somma de se rendre ; mais le brave comte Béranger ne voulant pas se soumettre, l'assaut fut commandé, la ville prise, pillée, et les habitans furent passés au fil de l'épée. On ne réserva que quelques femmes et la belle Pope, fille du comte, que Rollon épousa, suivant le rit danois.

Après la prise de Bayeux, Rollon retourna devant Paris, dans l'intention de s'en emparer ; n'ayant pas mieux réussi que la première fois, il porta le ravage dans l'Ile-de-France, dans la Beauce, et vint camper devant Chartres ; mais il ne put prendre cette ville, vaillamment défendue par ses habitans, et spécialement protégée par la chemise de la S.te-Vierge, qui n'a jamais porté de chemise ; parce

qu'on n'en portait pas de son temps, suivant **M.**
De Toustaint de Richebourg. D'ailleurs les historiens
n'ont point parlé du miracle; c'est un poète qui
l'affirme :

> Les Chartrains la chemise prirent,
> Sur les murs aux carneaux la mirent.

Cependant Charles-le-Simple, roi de France, et
Rollon, tous deux fatigués de la guerre, se ren-
dirent, en 912, à S.t-Clair-sur-Epte, où ils signèrent
un traité, par lequel Rollon promit de cesser ses
incursions, et Charles lui donna en mariage sa fille
Giselle, et lui céda la Neustrie.

Rollon embrassa la religion chrétienne, qui adoucit
ses mœurs; s'appliqua spécialement à faire rendre
la justice; publia les lois les plus sévères contre
le vol, et mérita le surnom de grand-justicier.

Les habitans du territoire d'Alençon se trouvèrent
fort heureux de vivre sous la domination des Normands, de grands voleurs devenus les plus honnêtes gens du monde. On ne fermait plus les portes,
les instrumens de labour couchaient dans les champs.
On respectait les petites croix d'or suspendues aux
croix des carrefours. On dit même que personne
ne toucha à une chaîne d'or que Rollon avait laissée
exprès, pendant trois ans, attachée à un chêne
de la forêt de Roumare.

FONDATION DE LA VILLE D'ALENÇON.

Il est temps enfin de parler de la fondation
de la ville d'Alençon, dont l'origine est assez
romanesque.

Guillaume Longue-Epée, fils de Rollon, ayant

été cruellement assassiné , laissa pour héritier de sa couronne Richard, son fils , âgé de dix ans. Dans ces circonstances difficiles, les seigneurs de Normandie se réunirent pour délibérer.

Dans l'assemblée qui fut tenue, Hugues, archevêque de Rouen, revêtit le jeune prince du manteau ducal, lui mit la couronne sur la tête , et lui ceignit l'épée. Osmond fut nommé gouverneur du prince , et Bernard, gouverneur de la Normandie.

Cependant Louis d'Outre-mer, roi de France, vint à Rouen faire au jeune Richard ses complimens de doléance , et pria les seigneurs de lui remettre cet enfant précieux , auquel il prenait un grand intérêt , pour le faire instruire avec son fils Lothaire.

Les seigneurs de Normandie eurent l'imprudence de déférer à la demande de Louis, qui emmena à Laon , résidence de la Cour , le jeune Richard , accompagné seulement de son gouverneur Osmond.

A peine Richard fut-il arrivé, qu'il lui fut étroitement défendu de sortir de la ville ; mais, un jour que le Roi était absent, le jeune prince , qui aimait l'exercice, comme tous les jeunes gens, pria son gouverneur de le mener à la chasse du vol. Osmond, croyant que le roi ne serait point instruit de leur sortie, déféra aux désirs de son élève.

A son retour, le roi, informé de cette sortie , entra dans une furieuse colère , traita Richard de fils de p....., et jura que, s'il sortait une seconde fois, il le ferait ÉNERVER.

Je crois ne pouvoir mieux peindre le départ du jeune prince, qu'en insérant le naïf récit d'une vieille chronique.

« Quand Osmond voit cheu, il manda as Normands et as Bretons que einsi tenoit leu seignour
en prison. Moult en furent dolens, et firent prières,
ourèsons et processions. Si jeunoient trois fois la
semaine, et étoient trois jours et nuits li saints
hommes vestus de sacs, et gisoient en cendres, que
diex leur sauvast leu seignour, et l'ostast de la main
du roi de France. Diex en oi leurs prières. Or oes
comment li enfant fut délivré. Li enfant se fit malade par li conseil de Yves de Bellême. Osmond
et cil qui le gardoient se desesperoient de sa vie,
si que la nouvelle fut épandue par Laon que li
enfant se mouroit. Une heure que le roi se mevoit,
et tous les gardes se partirent de l'enfant ; Osmond
le print moult pauvrement vestu, et le lia en un
troussel d'herbe, et alla einsi, comme si voussit
donner à son cheval à manger, et mit la selle et
print l'enfant devant li, et s'en issi de la ville, et
tant erra qu'il vint au castel de Coucy. Là, laissa
l'enfant au chatelain, et alla pongnant tant qu'il
vint à Senlis, au comte Bernard. »

Yves de Bellême, qui par ses conseils avait puis-
samment contribué à l'évasion du jeune Richard,
méritait bien quelque récompense ; il reçut, en
944, une étendue considérable de territoire, depuis
le Mêle-sur-Sarthe jusqu'à Domfront, y compris tout
le Passais, aux conditions d'élever deux forteresses :
l'une à l'embouchure de la Briante, l'autre sur les
rochers de Domfront, contre les incursions que
faisaient fréquemment en Normandie les Angevins
et les Manceaux.

Guillaume Talvas I, fils d'Yves-de-Bellême, exécuta

très-fidèlement les conditions qui avaient été im-
posées à son père ; il bâtit sur la Briante un château
qui , n'étant pas fortifié par la nature, exigeait d'autant plus toutes les ressources de l'art et du travail ;
rien ne fut épargné.

Le château, d'après les différens ouvrages qui
furent ajoutés en différens temps, comprenait , dans
une vaste enceinte, 1.º la porte d'entrée, en forme
de pavillon, accompagnée de deux grosses tours en
pierre de taille ; 2.º la tour couronnée , ainsi nommée
à raison de sa forme, également bâtie en pierre
de taille ; 3.º la tour du chevalier Giroye, moitié
ronde et moitié octogone ; 4.º la tour salée , qui
servait de magasin de sel pour la garnison ; 5.º le
donjon , qui avait 122 pieds de hauteur perpendicu-
laire ; 6.º le bastion de l'éperon ; 7.º le palais des
seigneurs , dont l'entrée était défendue par plusieurs
tours. Toutes ces fortifications étaient environnées
de larges et profonds fossés, dans lesquels coulait
l'eau de la Briante.

C'est dans ce château que les Talvas exerçaient
leurs cruautés.

C'est là que gémissait le pauvre chevalier Giroye,
mutilé.

C'est là que Robert de Montgommeri, dit de
Bellême , dit le DIABLE, préparait ses terribles incursions dans le Maine et dans la Normandie.

C'est là que, l'an 1158 , Henri II, roi d'Angleterre, tenait sa cour plénière.

C'est là que Pierre II méditait le plan du Val-
Dieu, et correspondait avec Madame de Blandé, sa
maîtresse.

C'est là que se reposait de ses longues campagnes
Jean II, favori de Jeanne d'Arc, que l'on devrait
nommer Jean V, puisqu'il y a eu quatre seigneurs
du nom de Jean avant lui ; ou au moins Jean III,
comme on a fait dans l'histoire d'Alençon, en retranchant deux seigneurs, dont l'un n'a régné que deux
mois, et dont l'autre s'appelait comte de Seès.

C'est là que la célèbre reine de Navarre compo-
sait ses Nouvelles galantes, et que Marguerite de
Lorraine faisait ses dévotions.

C'est là que le duc René se dérobait à la politique
insidieuse de Louis XI ; que vivait dans la douleur
ce bon duc, si persécuté pendant sa vie, si pour-
suivi après sa mort par les révolutionnaires, qui
ont dispersé les pierres de son tombeau, le plus
beau monument de la ville.

En 1585, Henri IV fit son entrée dans le château,
et en 1592 il en ordonna la démolition, en réservant
spécialement le donjon.

Chacun s'empara comme il put des pierres du
château. Madame de Guise en prit pour l'Hôtel-Dieu,
les jésuites en prirent pour construire leur collège,
et les capucins pour bâtir leurs cellules.

Il ne reste de l'antique château que le pavillon
où siégent les tribunaux ; et la tour couronnée, qui
a bravé les révolutions, et bravera longtemps l'injure des siècles ; où logent les prisonniers, et les
martinets noirs, dans les beaux jours d'été.

On a élevé sur l'emplacement du château l'Hôtel
de-Ville, et on y élève aujourd'hui le palais de justice.

C'est le château d'Alençon qui a donné naissance
à la ville. Différens officiers, attachés à la cour du

seigneur , se logèrent aux environs et formèrent les
rues du Château , du Val-Noble et aux Sieurs ,
par corruption aux Cieux. Beaucoup d'ouvriers ,
qui travaillaient aux fortifications , se fixèrent dans
le voisinage. Talvas accorda de grands priviléges
aux nouveaux habitans; les marchands , les artisans
accoururent de toutes parts ; d'ailleurs il n'était pas
besoin d'encouragement ; lorsque les châtelains se
faisaient la guerre dans les temps de la féodalité ,
cultivateurs et moines se retiraient dans la ville,
pour être à l'abri du pillage. Les bénédictins de
Seès y avaient une maison de refuge.

La ville prit en peu de temps de grands accrois-
semens , la population augmenta ; mais la plus
grande simplicité régnait encore , et le commerce
n'était pas brillant.

Il n'y avait ni tour Notre-Dame , ni flèche à S.t-
Léonard ; mais seulement deux petites chapelles desser-
vies par les moines de Lonlai, dans lesquelles il n'y
avait ni orgues , ni serpens, ni Kirie Dumont ,
ni chant figuré.

Les maisons étaient en bois, pignon sur rue. Les
jardiniers de la Barre ne cultivaient ni pommes de terre ,
ni capucine ; la jeune fille ne mettait sur sa fenêtre
ni Geranium, ni Hortensia. L'artisan ne fabriquait
ni fusils , ni canons ; mais des dards et des
piques, des cuissarts et des brassarts.

On ne tissait ni mousseline, ni calicot ; on ne
faisait ni brode , ni dentelle. Les hommes ne portaiei +
ni culottes de nankin , ni gilets de piqué. Les prêtres
ne portaient ni chapeaux tricornes, ni chapeaux
ronds. Les femmes n'avaient ni schalls, ni rubans

PONCEAU. Tous les hommes portaient des capuchons, comme les moines; toutes les femmes des voiles, comme les religieuses.

On ne lisait ni gazettes, ni journaux; on ne prenait ni café, ni chocolat. Les épiciers ne vendaient ni girofle, ni muscade. On ne trouvait chez les apothicaires ni jalap, ni quinquina.

On était bien malheureux; on ne pouvait constater ni les entrées, ni les achats, ni les ventes. Il n'y avait ni octroi municipal, ni commis aux aides, ni gabelle, ni débit de tabac, ni enregistrement, ni contrôle.

ENCEINTES ET PORTES.

La ville était ceinte de murailles, qui présentaient un front redoutable à l'ennemi; ces murailles étaient flanquées, de distance en distance, de grosses tours, couronnées de parapets; un large rempart régnait du côté de la ville; elles étaient défendues au nord et à l'est par un fossé très-profond, au sud et à l'ouest par la Sarthe et par la Briante. Aujourd'hui les murailles et les tours sont rasées, les remparts et les fossés sont convertis en terrasses et en jardins. L'aimable Flore, sur son trône, entourée de ses enfans, brillans de la plus riche parure, remplace la terrible Bellone, le casque en tête et la pique en main. On entrait dans la ville par quatre portes et une poterne.

La porte de Lencrel, au nord, était une des plus fortes; elle était défendue par deux grosses tours, un pont-levis, et plusieurs ouvrages avancés dans les rues de Lencrel et de l'Ecusson; elle a été abattue en 1776.

La porte de Seès, à l'est, était défendue par quatre tours, dont deux dominaient sur le faubourg S.ᵗ-Blaise, et les deux autres sur celui de Casault ; elle a été abattue en 1724.

La porte de la Sarthe, à l'ouest, était formée de deux tours, et avait pour défense la rivière et le fort du Boulevard au-delà ; elle a été abattue en 1776.

La porte de la Barre, au nord-ouest, qui a pris son nom du faubourg, était défendue par deux tours, démolies en 1776.

La poterne, petite porte, où il ne pouvait passer qu'un homme, ne consistait qu'en une grosse tour, qui fut démolie en 1776.

Il n'y a plus ni tours ni portes. Les Anglais, les Angevins, les Normands n'y montent plus la garde. Les bureaux de l'octroi remplacent les portes ; et les commis pacifiques, les soldats ; et ils ne sont pas moins respectés.

Le voiturier, qui n'est pas très-poli sur la grande route, qui ne céderait pas un millimètre à un courrier du cabinet, qui ne s'arrêterait pas pour laisser passer le char de Phœbus lui-même, s'arrête, sans qu'on le lui dise, à la porte du bureau, et est doux comme un mouton.

Tout se passe bien à S.ᵗ-Blaise, à Casault et ailleurs ; il n'en est pas de même à Lencrel ; l'étroite porte est parfois totalement obstruée ; les charretées de bois de Radon, les pipes de S.ᵗ-Nicolas et du Frou interceptent le passage, pendant que les commis mesurent les stères et calculent les litres. Les mules du moulin, chargées de farine, sont arrêtées ; l'âne qui porte les petits fagots, que le pauvre homme attend pour faire sa soupe, ne peut passer. La malle ne passerait pas. Le fantassin pressé, qui se glisse entre les voitures, essuie quelquefois l'essieu avec ses habits; bien heureux d'en être quitte pour une tache ineffaçable de cambouis. Naguère, une pauvre fille, qui voulut franchir, a trouvé la mort à cette funeste porte.

INVASION DES ANGLAIS.

Si les Anglais ont possédé la ville d'Alençon, ce n'est pas parce qu'ils ont conquis la Normandie; c'est parce que les Normands ont conquis l'Angleterre.

Le duc Guillaume, qui prétendait à la couronne d'Angleterre, d'après la donation du pape et le testament d'Edouard, appuyé sur ces deux pièces qui ne valaient pas mieux l'une que l'autre, fit une descente en Angleterre, gagna la bataille d'Hastings, et mit sur sa tête la couronne, par le droit du plus fort, de tous les droits le plus solide.

Quelque temps après, Henri I, troisième fils de Guillaume, roi d'Angleterre, par les conseils de Serlon, évêque de Seès, fit la guerre à Robert, surnommé le DIABLE, seigneur d'Alençon, le vainquit, et s'empara de la seigneurie.

Jean SANS-TERRE, roi d'Angleterre, et seigneur d'Alençon, ayant tué son neveu ARTUS, Philippe Auguste, roi de France, s'empara de la Normandie par droit de confiscation et par droit de convenance, et acheta la seigneurie d'Alençon; mais les rois d'Angleterre, qui ne reconnaissaient point la légitimité de ces droits, ni la validité du contrat, conservèrent des prétentions sur la ville d'Alençon.

En 1346, le célèbre Edouard III, vainqueur de Crécy, étant descendu à la Hogue, envoya Geoffroy-d'Harcourt, avec une partie de l'armée, ravager le territoire d'Alençon.

Geoffroy, qui avait des vengeances à exercer contre le roi de France, qui lui avait fait payer le pillage de l'abbaye de Perseigne, s'acquitta à merveille de sa commission. Tout le pays fut cruellement dévasté. Ces malheurs ne furent que passagers; mais ceux qui résultèrent de l'invasion de Henri V furent bien autrement longs et désastreux.

En 1417, au mois d'août, Henri V débarqua à Touques; et, après s'être rendu maître de Caen et de Bayeux, il dirigea son armée sur Alençon; et le 14 octobre, il campa dans le faubourg Monsort, sur un emplacement qui en prit le nom de Champ-du-Roi, qu'il conserve encore. Au bout de huit jours, il fit son entrée dans le château, d'où il envoya des garnisons dans les forteresses voisines : à Essey, S.t-Remi, Mamers, Nouans, Beaumont, Fresnay, et dans plusieurs autres endroits. Le roi d'Angleterre passa trois mois au château d'Alençon, et, avant de partir, nomma pour le commandant Jean d'Arondel, et pour bailli Rolland-Leyntale.

Tout fut assez tranquille dans la ville; l'ordre fut maintenu, les bourgeois ne furent pas malheureux; mais les pauvres habitans de la campagne étaient tous les jours exposés aux cruelles dévastations des garnisons qui sortaient, se répandaient partout et pillaient les laboureurs; s'ils opposaient de la résistance, on les tuait. De son côté, Loré, qui commandait à S.t-Cenery, faisait de fréquentes sorties et ravageait à son tour. Les détachemens ennemis se rencontraient quelquefois et se livraient combat. Ils se rencontrèrent à Mieuxcé, à Arçonnai, où ils se battirent cruellement. Il n'y eut guère de villages aux environs d'Alençon où il n'y eut du sang répandu.

La garnison de S.t-Cenery inquiétait tellement les troupes anglaises, que d'Arondel résolut de s'emparer du Château. Il prit avec lui quinze mille hommes, plusieurs pièces de canon, battit la forteresse pendant trois mois, la prit d'assaut et la rasa.

Les Anglais furent les maîtres du pays pendant trente ans. Ce ne fut qu'en 1448 que quelques bourgeois, s'étant concertés, s'emparèrent par ruse de la porte de Lencrel, qu'ils livrèrent à leur ancien seigneur. Jean Wornay, qui commandait, se cassa les jambes, en se sauvant.

Pour en finir de toutes les invasions qu'a subi ce malheureux pays, je dirai deux mots de l'invasion des Prussiens.

En 1815, après la déroute de Waterloo, une division de l'armée prussienne, commandée par le général Tavenzien, forte d'environ 20,000 hommes, traversa ce pays, en allant en Bretagne, et en revenant. Malheur aux pauvres habitans voisins des grandes routes. Le mercier ferme sa boutique, l'aubergiste abat son enseigne, le père de famille cache son argent, la mère sa fille. Le soldat mange les poules du paysan, couche dans son lit, et le lendemain emporte les draps, bat quelquefois son hôte, et emmène la vache, le cochon, jusqu'au chien.

La ville d'Alençon fut livrée, pendant trois mois, à une nombreuse garnison, bien exigeante. Les soldats étaient les maîtres dans la maison. Quand on leur avait donné la soupe, le bouilli, quelquefois le rôti; qu'on les avait abreuvés de liqueurs fortes, ils n'étaient pas contens, menaçaient.... On craignit longtemps qu'ils ne voulussent se venger de l'invasion des Français dans leur pays, après la bataille d'Iéna; mais le général Blucher harangua fortement les officiers; ceux-ci tinrent ferme, le soldat fut contenu, et il n'y eut point de désordre.

GRANDES ROUTES.

Les voies romaines sont célèbres. On parle encore de la voie appienne, dont il existe de si beaux restes.

Il n'y avait jadis en France que des chemins impraticables, où l'on rançonnait les paysans. En venant du Mans assiéger Alençon, Henri IV fit traîner ses canons sur des claies.

Louis XV s'est immortalisé par les grandes routes, qui coupent et partagent la France, comme les cases d'un damier, au détriment de l'agriculture, et au grand avantage du commerce. On lisait sur l'obélisque, élevé au haut du faubourg S.ᵗ-Blaise :

LUDOVICUS XV

CONSULUIT

VIIS REGIIS UNDEQUAQUE

APERTIS, STRATIS ET MUNITIS.

M DCC XXXVIII.

Autrefois la ville d'Alençon ne pouvait communiquer, en hiver, avec Courteille et Damigni; aujourd'hui elle peut communiquer, en tout temps, avec l'univers entier. Quatre grandes routes de pre-

mière et deuxième classes, partant du centre de la
ville, sont dirigées aux quatre parties du monde :

La route de Seès, au nord ; celle de Paris, à
l'est ; celle du Mans, au sud ; et celle de la Bretagne, à l'ouest.

Les routes de Seès et de Paris sont pavées à la
distance d'environ deux lieues. Les bernes sont très-
mauvaises en hiver, et le pauvre fantassin, bien
fatigué, est forcé de prendre la chaussée pavée de
grès. Les routes de Mamers, du Mans et de la
Bretagne, encaissées de cailloux et bien entretenues,
sont beaucoup plus commodes.

Par la route de Seès, la ville d'Alençon reçoit
les cotonnades de Rouen, les harengs salés de la
Délivrande, les huîtres de Courseul, les plies et
les merlans de Savenelles et d'Ouëstreham.

Par la route de Paris, Alençon reçoit les gravures
antiques et modernes, religieuses et profanes, édi-
fiantes et polissonnes ; les journaux, quelquefois
libres, quelquefois enchaînés, et les modes chan-
geantes.

Par la route du Mans, Alençon reçoit les cotons
de l'Asie et de l'Amérique, les huiles et les savons
de la Provence, les vins du Languedoc et de l'Anjou,
et les eaux-de-vie de Coignac et d'Andaye.

Par la route de Bretagne, Alençon reçoit les belles
étoffes de l'Orient, les diamans de Golconde, et le
beurre de la Prévalais.

FAUBOURGS.

Le bourg était la cité, enceinte et fortifiée ;
c'était là que résidaient, près du château, rue du

Val-Noble, les chambellans, écuyers et autres officiers de la cour des seigneurs; les marchands, et les artisans qui fabriquaient les armes, demeuraient un peu plus loin; les capitaines et les soldats veillaient dans les tours des cinq portes et sur le donjon.

Les laboureurs, les ouvriers, qui cultivaient les champs, demeuraient dans les faubourgs. Le mot faubourg ne vient pas, comme on le croit, de FALSUS; c'est une corruption de fors-bourg, hors bourg, dérivé de FORIS; d'où est venu le FORUM des Romains, où se traitaient les affaires publiques, et le mot FOIRE, réunion pour le commerce. Les grandes réunions se tenaient aux confins des petits états, entre les nations voisines; on y plantait des bornes représentant Mercure, dieu du commerce; d'où est venu le nom MERCATURA (marchandise), (marché), (marchand), (mercier), (marquis),..

Il n'y avait dans les premiers temps que quelques habitations isolées de cultivateurs auprès de la chapelle S.t-Ysiges, berceau du faubourg Lencrel; auprès de la chapelle S.t-Blaise, berceau du faubourg de ce nom; auprès de l'ancienne église S.t-Pierre, berceau du faubourg Montsort; parce qu'il n'y avait pas de sureté à demeurer dans le voisinage d'Alençon, pendant les guerres cruelles des Talvas et de Robert-le-Diable; les assiégeans ne se faisaient pas scrupule de piller les maisons, de s'y loger, ou de les raser, suivant le besoin.

Les faubourgs ne prirent de l'accroissement que depuis que les rois de France, ou des membres de leur famille, possédèrent la seigneurie.

On ne devrait plus parler de faubourgs, puisqu'il

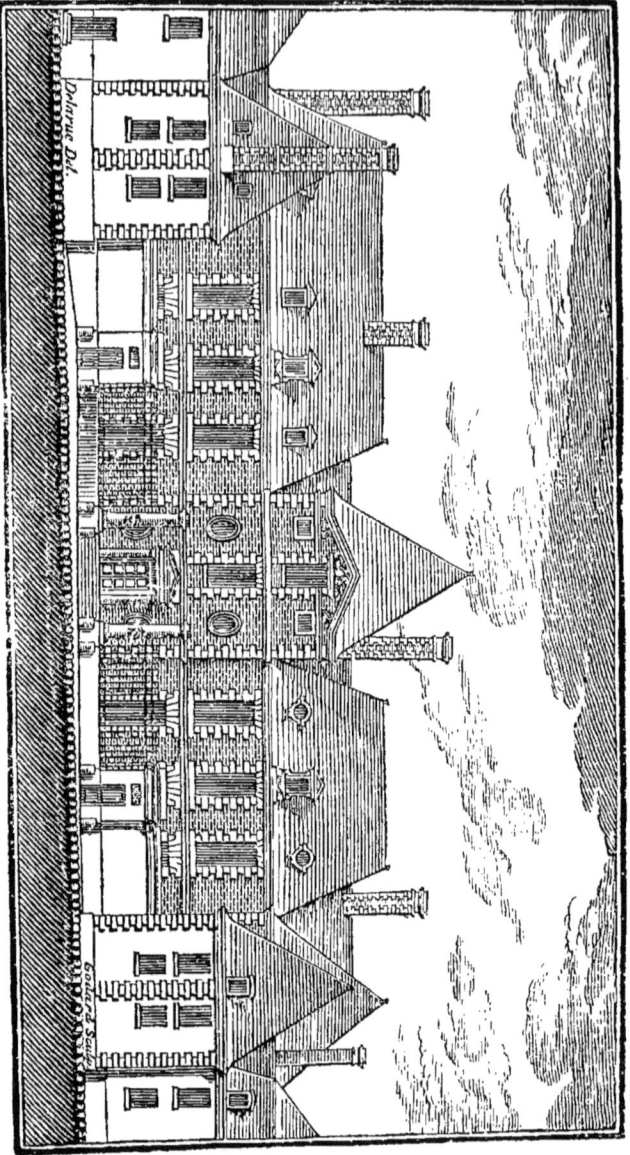

Page 5j.

HOTEL DE LA PRÉFECTURE.

Delarue Del.

n'existe plus d'enceinte fortifiée. On en distingue pourtant encore sept, que je réduis à six : Lencrel, S.t-Blaise, Casault, Montsort, la Barre et Bretagne.

Le faubourg Lencrel, situé dans un bon air, comprend la rue de Lencrel, où est la fontaine S.t-Gilles, autrefois S.t-Ysiges ; la jolie rue de l'Ecusson, et la magnifique rue du Cours, la seule qui ait des trottoirs.

Le faubourg S.t-Blaise, situé dans un très-bon air, est de tous les faubourgs le plus animé par le mouvement du commerce et des voyageurs. On y voit le magnifique Hôtel de la préfecture, ancien palais de Madame la duchesse de Guise ; l'Obélisque, tronqué et mutilé, transporté plus loin, pour faire place à la bascule, ou l'on pèse les voitures chargées de plusieurs milliers, comme on pèse des grammes d'or dans un trébuchet.

Le faubourg Casault (CASA ALTA) indique assez sa position ; il comprend les casernes qu'on a fait bâtir sur l'emplacement des Capucins, et l'hôtel des messageries, dont l'arrivée est spacieuse et forme une très-belle rue.

Le faubourg Montsort, également situé sur une hauteur, est de tous les faubourgs le plus peuplé ; il comprend les rues du Mans et des Tisons, l'ancienne Sénatorerie, la belle place du Champ-du-Roi, où se tient le marché des bestiaux, et plusieurs manufactures de mousseline et de calicot, que l'on vient d'y établir.

Le faubourg la Barre, un des plus anciens, comprend une assez belle rue, et plusieurs ruelles, résidence des pacifiques jardiniers, qui contrastent

un peu avec les sanglans bouchers, qui environnent
la TUERIE, que l'on vient d'y établir.

Le faubourg Bretagne, où l'on a établi la maison
de Bicêtre, est le plus beau des faubourgs; il comprend la plus longue, la plus large, la plus droite
des rues de la ville, coupée à angles droits par
plusieurs autres rues. Il s'y fait peu de commerce,
et la population n'y est pas considérable.

PLACES.

Depuis 1781, il s'est fait bien des augmentations
et des embellissemens dans la ville d'Alençon : hôtel
de ville, palais de justice, promenades, bicêtre,
halles, casernes, pompes, pavage et places publiques.
On compte dix places publiques. Je ne parlerai que
des principales.

La place Bourbon, sur laquelle on a élevé l'hôtel
de ville, est une des plus belles. On a planté depuis
peu sur cette place une avenue, du côté de la rue
de Bretagne, et bâti, de l'autre côté, le palais de
justice, qui la resserrent bien, mais qui contribuent
beaucoup à sa décoration.

La place du Cours était couverte de boue et inabor-
dable, lorsque l'on y tenait le marché des bestiaux;
mais depuis que l'on a transféré ce marché à Montsort,
et que l'on y a planté plusieurs avenues d'arbres,
elle est devenue fort jolie.

La place du Palais est une des plus anciennes de
la ville. On reconnait son antiquité par le pavage
en petits cailloux de grès, mêlés de petits morceaux
de granit et même de pierres calcaires. On y fait les
exécutions de justice; le jeudi, on y étale les ma-

tières premières de la manufacture des toiles, fibres
de chanvre non sérancé, BRIN, ÉTOUPE, BOUTURE,
fil ÉCRU, fil BLANC ; des monceaux épars de ferraille,
qui contiennent les boutiques entières du maréchal,
du cloutier, du serrurier, de l'armurier et du
coutelier ; tout l'ameublement en fer d'une maison,
gonds, serrures, clefs, chenets, grils, poêles, cré-
maillères, anses de chaudron, marmites sans cou-
vercles, tringles de lits, jusqu'à la girouette. On y
trouve tous les outils : la hache et la scie du fendeur
de bois, la faulx et la faucille du moissonneur, la
pelle et le râteau du jardinier, la truelle du maçon,
jusqu'au sérans édenté du filassier. On y remarque
quelquefois de singulières rencontres : un tronçon
de lame d'épée dans une vieille marmite, et un canon
de pistolet dans une casserole.

La place la Madelaine, sur l'ancien cimetière de
Notre-Dame, autrefois assez agreste et mal-propre,
est aujourd'hui bien unie, bien sablée, et défendue
par des bornes. C'est là que l'on vend les oisons
d'Alençon, les poulardes du Mans, les perdrix grises
et rouges de Beaumont, le beurre du Mêle-sur-Sarthe,
les fromages de Camembert, les choux de Mortagne,
les navets de Seès, et les carottes de la Barre. Le
campagnard vend ses chapons pour acheter un morceau de lard, et sa femme ses œufs frais pour emporter de mauvais hareng salé.

La place S.ᵗ-Léonard, sur l'ancien cimetière de
ce nom, est la mieux décorée de la ville. On y a
élevé trois jolies halles, couvertes en ardoise, qui
présentent l'ordonnance d'un petit palais : le corps
de logis, les deux ailes, et une fontaine au milieu.

Les poissonnières occupent une des halles ; le crochet et les herbières, les deux autres. Les marchandes de poisson sont fort honnêtes ; elles n'ont ni les manières, ni le ton que l'on reproche aux femmes qui font ce commerce. Les marchandes d'herbes n'ont peut-être pas la politesse des herbières d'Athènes ; mais elles conservent bien la modeste simplicité qui convient aux femmes de jardiniers.

La place Champ-du-Roi, où se tient la foire des bestiaux, est la plus grande de la ville. On a agrandi, autant que possible, les abords, pour faciliter les approches, et l'on a formé dans le milieu une enceinte, par le moyen de lices capables de contenir des éléphans. Cette place est environnée de deux rangées d'arbres qui forment de jolies avenues ; mais on a choisi précisément l'espèce qui convient le moins, le platáne, arbre aquatique, que l'on a planté sur une butte, uniquement composée de pierres et de sable calcaires. C'est sur cette place que l'on vend les petits bœufs sans vices ; qu'on n'affirme rien qu'on ne le jure, et que, pour se tromper réciproquement, les Normands et les Manceaux se frappent plusieurs fois dans la main, symbole de la bonne foi.

RUES.

Il y avait autrefois un ruisseau au milieu des rues ; toutes les pluies des gouttières des deux rangs des maisons le grossissant, il devenait une rivière. On avait encore le soin d'y amasser toutes les ordures. On établit aujourd'hui une chaussée au milieu, qui les rend plus propres, leur donne plus d'apparence, et partage les ruisseaux en deux.

Naguère , les voitures qui avaient roulé sans obstacle sur les chaussées des grandes routes, venaient
s'enfoncer dans les ornières des rues du Cours et
des Tisons. On a pavé ces deux rues, que l'on a
embellies. On a percé la rue des Tisons jusqu'à la
route de Mamers, et l'on a planté de chaque côté
une avenue d'arbres ; par ce moyen, on en a fait
une des plus belles rues de la ville.

La rue du Cours mérite une attention particulière.
Elle est très-bien pavée , et la seule qui ait des
trottoirs.

Le pavé appartient aux riches; permis à eux de
le briser sous les roues de leurs voitures et les pieds
de leurs chevaux. Le pauvre piéton est relégué sur
les trottoirs , et file modestement le long des maisons,
de peur d'être éclaboussé. On devrait bien en avoir
un peu de pitié, applanir son chemin et l'adoucir.
Le moyen serait facile. Plusieurs propriétaires des
maisons ont pavé les trottoirs , quelques-uns ne l'ont
pas fait, d'autres peut-être n'ont pas pu le faire. La
partie pavée est couverte de l'inextricable POLIGONUM
AVICULARE ; l'autre partie, encaissée de cailloux, est
raboteuse. En applanissant le terrain et en y répandant
une couche épaisse de sable graniteux , on se procurerait un sol doux , ferme , toujours sec et propre
comme celui des rues Traversière et des Promenades.
Si la renouée voulait encore s'y établir , on s'en
délivrerait facilement avec une simple ratissoire. Il
conviendrait de planter deux rangs de tilleuls , et
par ce moyen la ville aurait son Cours du nord.

Une partie des larges revers de la rue de Bretagne est pavée, l'autre ne l'est pas. Depuis que

l'on a exhaussé les ruisseaux, qui étaient trop profonds, ces revers ne sont plus de niveau avec la chaussée. Si, en laissant en pavé l'accès des neuf portes cochères, on sablait le reste, si l'on plantait deux rangs de tilleuls, on se procurerait la plus agréable promenade.

PAVÉ.

On foule avec légèreté le pavé d'Alençon, sans s'informer autrement de son origine, ni de sa future destination.

Ce pavé, que l'on tire des paroisses de Fié et de Héloup, est de deux espèces : l'une très-dure, d'un rouge foncé, qui tient sa couleur et sa dureté des molécules ferrugineuses qui l'ont pénétré ; l'autre, de couleur blanchâtre, beaucoup plus tendre, qui pourrait bien être une espèce d'albâtre, comme l'ont prétendu MM. Desnos et Desmarets, et qui, dans ce cas, serait attaquable par les acides, et n'étincelerait point sous les pieds des chevaux.

Dans son état primitif, ce pavé n'était que du sable en liquéfaction ; une espèce de terre molle, où l'on aperçoit encore le trou sur le bord duquel le grillon venait chanter ; le cône où se plaçait le fourmillon pour attendre sa proie ; les traces de vers, qui se croisent, comme les lignes qui marquent la route des vaisseaux sur une carte marine : on distingue encore quelquefois le ver, arrêté dans sa course, pétrifié, dont les tendres anneaux soutiennent aujourd'hui les pesantes roues à la Malbroug.

Tous les jours, on entend faire de grandes lamentations sur la consommation des bois, sur leur disette future ; on ferait bien mieux de s'inquiéter du pavé d'Alençon et des autres minéraux.

Les corps organisés , végétaux et animaux, qui se perpétuent par l'union des sexes , ont en eux-mêmes des principes de reproduction inaltérables et indestructibles.

L'homme industrieux cultivera toujours le pommier, jusque sur sa fenêtre, entre le basilic et le réséda , et fera fleurir sur sa cheminée, dans un verre d'eau , le narcisse et la jacinthe. Les plantes spontanées se multiplieront bien sans lui, et souvent malgré lui. Les forêts d'Ecouves et de Perseigne ne cesseront de fournir des poutres pour sa maison, et des bûches pour son foyer.

On ne doit pas être plus inquiet de la perpétuité de l'espèce animale. Les bœufs paîtront toujours dans les vallées d'Auge, et les moutons dans les campagnes d'Alençon. On verra toujours, dans le printemps et l'automne , des bandes d'oies passer sur la ville; et, en hiver, les corneilles descendre dans la campagne.

Il n'en est pas de même des corps inorganiques que l'on appelle minéraux, qui se détruisent tous les jours, et ne se renouvellent jamais. Comme ils ont été formés par la réunion des molécules, par JUXTA POSITION; par le frottement, ils sont broyés, divisés, disséminés, et pour ainsi dire anéantis.

De même que le SILEX est brisé par le briquet , le pavé est continuellement usé par les roues des voitures, les fers des chevaux, les sabots du pauvre homme , les gouttières des maisons, et le balai des servantes. Les carrières de Fié et de Héloup ne pourront pas toujours fournir au renouvellement.

Les carrières de granit de Beauséjour et de Hertré , qui servent à bâtir les maisons et à élever les murs des jardins , s'épuiseront aussi sans ressource.

Toutes les pierres calcaires, immenses productions d'animaux marins , se consumeront dans les fours à chaux de S.t-Paterne.

Toutes les glaises de la Ferrière-Bochard , de Damigni , de Forges et de Semalé se convertiront en terre cuite dans les fourneaux du tuilier et du potier, pour couvrir les maisons et les tables.

Les mines de fer, en grains et en roche, s'épuiseront, et l'on ne pourra plus couler de gueuses dans les fourneaux de la Roche-Mabille et de S.t-Denis.

Tout le fer sera bientôt consumé. Les bandes des roues , les fers des chevaux s'usent sur le grès qui pave les grandes routes , et les outils tranchans sur la meule du rémouleur. Le fer, que le serrurier ne fait pas voler par parcelles sous les dents de sa lime , s'use peu-à-peu par les frottemens les plus doux. Le pesant essieu s'use dans le moyeu , la scie dans le ROBUR, le sérans contre les fibres du lin , le fer de la varlope sur du bois mou, la faucille sur des tiges de CRAMEN , votre rasoir sur un cuir , la pointe du soc dans le limon , et la pointe de l'aiguille dans la brode. Sans y penser , vous usez les gonds de votre porte en l'ouvrant, et le carré de la clef de votre montre en la montant.

Les mines d'or et d'argent du Mexique et du Pérou s'épuiseront , comme se sont épuisées celles des Gaules et de l'Espagne.

L'or et l'argent disparaîtront peu à peu. Votre

tabatière, votre cuiller à soupe, la croix suspendue au cou de la jeune fille, celle qui bat sur la poitrine du chevalier, l'anneau dans le doigt de l'épouse, la dorure du calice que le prêtre essuie, s'usent imperceptiblement ; les pièces de monnaie, quoique renforcées par le mélange du cuivre, s'usent dans votre poche ; elles s'usent entre les doigts qui les comptent.

Le frottement détruit tous les corps inorganiques, et pourtant rien n'est perdu. Les eaux entraînent les parcelles des métaux, le boueur ramasse dans son tombereau tous les débris, les molécules du grès et du granit, les quartiers de tuile et d'assiette, jusqu'au moule de cloche ; les dépose dans les champs, où ils se transforment en terre végétale, passent dans les graminées, dans les légumes ; et, sans y faire attention, vous mangez vos léchefrites, la couver_ ture de vos maisons, le pavé des rues ; vous prenez des eaux ferrugineuses, et vous buvez de l'or po- TABLE.

Quand tous les minéraux seront divisés, et comme anéantis, pour cela il ne faut pas une éternité, vous marcherez sur le sable et sur la pelouse, sans être obligé de ferrer les talons de vos souliers.

Les productions des plantes nutritives seront beaucoup plus abondantes ; et vous n'aurez plus besoin de recourir aux substances animales.

Vous logerez dans des maisons de bois, couvertes en bardeaux, qui ne seront pas mal-saines.

Vous mangerez dans des écuelles de hêtre avec des cuillers de buis, sans craindre le vert-de-gris, qui corrode insensiblement les intestins.

Les boisiers et les marchands de joujoux s'établiront dans les boutiques des orfévres. Les magnifiques colifichets en ivoire et en buis remplaceront les bijoux métalliques , qui salissent les doigts.

Le commerce alors se fera par échange , comme autrefois, et l'on ne marchandera plus la vertu pour une pièce de monnaie.

POMPES.

Les chimistes , qui ont analysé les eaux des puits d'Alençon , ont reconnu qu'elles étaient très-chargées de sélénite , et conséquemment dures et malsaines.

On avait creusé partout des puits , jusqu'au milieu des rues les plus fréquentées : dans la rue Notre-Dame et dans la Grande-Rue. Ces puits gênaient beaucoup la voie publique ; d'ailleurs, les bords n'étaient pas très-élevés. A la lueur pâle des réverbères , un homme pris de vin , un homme distrait, un astrologue en contemplant les astres , auraient bien pu se précipiter au fond , et ils n'auraient pas trouvé, comme le renard, un bouc complaisant pour les en tirer.

On a heureusement fermé ces bouches dangereuses pour établir des pompes dans les endroits les plus commodes ; mais on en a peut-être trop fermé , lorsque les puits ne gênaient pas. Les eaux , pour être saines , ont besoin de l'influence de l'air. Les enfans , par amusement, agitent quelquefois les balanciers , les pompes sont souvent dérangées ; et puis, dans les temps de forte gelée, lorsqu'il n'y a point de perte d'eau , les environs sont souvent couverts de glaces, et l'on est arrêté par le détroit de Waigats.

Il existait au haut du faubourg Lencrel une très-belle fontaine, nommée S.t-Gilles, par corruption de S.t-Ysige. C'était, pour les infirmes et les vieillards, la fontaine de Jouvence, qui rendait la jeunesse à l'homme vieux avant le temps, rétablissait les forces épuisées par l'usage fréquent des liqueurs fermentées et alambiquées, lavait les ordures de l'estomac, surchargé d'alimens, source de presque toutes les maladies, éteignait dans les viscères les ardeurs d'une fièvre dévorante, pénétrait dans les veines, et rafraîchissait le sang, enflammé quelquefois par le feu des passions.

On aurait bien dû invoquer une fée bienfaisante, pour qu'elle transportât, d'un coup de baguette, la fontaine sur la place Bourbon, ou faire quelque dépense pour y conduire les eaux.

On a brisé l'urne, et l'on a creusé au-dessus pour y établir une pompe. Les Naïades ont fui, et les dieux infernaux les ont remplacées. C'est aujourd'hui Pluton, qui désaltère le faubourg. Les citadins ne viennent plus remplir leurs cruches ; ils croiraient puiser l'eau du Styx ou du Cocyte.

PROMENADES.

En 1784, on a établi une fort jolie promenade dans l'ancien parc ; on vient d'y réunir le grand jardin de l'hospice, sur lequel on a ouvert plusieurs avenues, plantées d'arbres de différentes espèces, et qu'on peut appeler allée des marronniers, allée des ACACIA, allée des platanes et allée des tilleuls. L'allée des marronniers, qui coupe les promenades dans toute leur largeur, est incontestablement la plus belle, parce qu'elle est la plus horizontale.

Un étranger, après avoir admiré les belles pro-
menades, s'écrie dans la surprise, en voyant les
petits jardins irréguliers, à angles aigus qui les
terminent : LA MAJESTÉ DES PROMENADES, LA DIGNITÉ
D'UNE VILLE, AUSSI RECOMMANDABLE, SERAIENT BLESSÉES;
C'EST SUREMENT LA L'ÉCONOMIQUE SPÉCULATION D'UN
PETIT PARTICULIER PÉPINIÉRISTE, DONT LE BAIL NE
DOIT PAS ÊTRE FORT LONG ; CAR ON N'A FAIT QUE
DE MINCES CLÔTURES DE BOIS SEC, QUI CONTRASTENT
SINGULIÈREMENT AVEC LE VIF, AVEC LA VERDURE;
C'EST LE SUPPLICE DB MEZENTIUS.

La ville, qui prend un vif intérêt aux agrémens
du public, ouvrira sûrement bientôt l'enceinte des
arbres verds, qui n'est point une pépinière. Le
dégât n'est point à craindre. Les enfans aimeront
mieux cueillir des pâquerettes, et courir après les
papillons, que de se piquer aux feuilles aiguës des
mélèzes et des sapins ; d'ailleurs les bonnes sont là ;
et puis il suffira de peindre sur la porte du jardinier un suisse, avec ses moustaches, sa bandoulière
et sa hallebarde, pour contenir la jeunesse pétulante.

On a élevé une terrasse, qui procure la vue de
la campagne, et de la butte de Chaumont, dans
le lointain ; mais lorsque quatre promeneurs s'y sont
établis, il n'y a plus de place pour personne, et
l'on est forcé de se répandre dans la campagne,
sur les grandes routes cailloutées de la Bretagne et
du Mans, où, brûlé du soleil et suffoqué par la
poussière, on est encore affligé de l'aspect des plus
tristes plantes, du CALCITRAPA au calice épineux,
et de la jusquiame vénéneuse. On ne voit que des
vertèbres, des omoplates, des TIBIA, dépouilles

d'animaux utiles, que l'homme tue dans la vigueur de l'âge, par l'excès des services qu'il en exige.

On se transporte, si on le peut, sur le bord des eaux de la Fuie, pour respirer un air plus frais.

C'est là qu'il serait facile d'établir une promenade en forme d'arc, dont la courbure serait du côté des prairies, et la corde du côté des champs; mais il faudrait qu'une fée enchanteresse, d'un coup de baguette, élevât le sol, le nivelât, y semât du sable de granit, plantât deux rangs de peupliers noirs sur les prés et sur les champs, deux rangs de pommiers, à tiges pyramidales, dont les branches ne nuiraient point aux productions céréales, et dont les feuilles pomperaient l'air, au profit du propriétaire.

BICÊTRE.

En 1781, on a commencé à bâtir le dépôt de mendicité, plus connu sous le nom de Bicêtre. On n'y a élevé qu'un étage sur un plan bien régulier. La cour d'entrée est spacieuse, et plantée de plusieurs rangées d'ormeaux. En face du vestibule, on trouve un petit parterre, ensuite la chapelle qui est fort jolie; c'est le panthéon de Rome, aujourd'hui S.te-Marie-la-Rotonde.

Ne percez pas le mur. Si vous pénétrez à l'intérieur, vous y verrez le rassemblage de toutes les misères humaines, la réunion des contrastes les plus frappans.

Vous verrez l'imbécille, qui n'a jamais produit une seule idée; c'est la statue de Condillac, qui n'a encore reçu aucune sensation ; et l'homme d'esprit, dont les nombreuses idées, qui fermentent avec violence, n'enfantent que désordre et confusion.

Le fou joyeux, dont les idées singulièrement disparates excitent la surprise et l'admiration ; et le furieux, qui pousse des cris menaçans, et fait effort pour briser les verroux de sa loge ;

Une personne calme, tranquille, douce comme un ange ; dans un instant, c'est un énergumène, qui tord les membres, et bat la terre de son front ;

Une malheureuse fille d'Ève, cruellement punie, pour avoir écouté une voix caressante et trompeuse ; et le serpent séducteur, qui la poursuit encore, en rampant, pour lui mordre le talon ;

Une pauvre ingénue, qui verse des larmes amères sur les suites d'une première faiblesse ; et un vieux débauché, qui n'a jamais senti le remords ;

Un nouvel Harpocrate, qui a cru pouvoir mettre un instant le doigt sur ses lèvres, pour sauver une infortunée victime ; et un affreux calomniateur, qui prend le glaive de la justice pour immoler un innocent ;

Un enfant qui soustrait un pagne, pour cacher sa nudité ; et une femme bien mise, qui vole des pendans d'oreilles ;

Un misérable, qui a pris quelques épis de blé, dans un champ, pour sauver sa vie ; et un scélérat, qui attend un voyageur au coin d'un bois, enfonce la porte de son voisin, et force la serrure de son coffre.

On a soustrait aux regards le temple de Junon, où gémissent de malheureuses victimes qui ont eu la simplicité de croire aux sermens des hommes trompeurs. Le bienfaisant gouvernement enlève à ces infortunées le fruit de leurs faiblesses, sans qu'il soit permis à une tendre mère de répandre une seule goutte de son lait dans la bouche de l'enfant de ses douleurs, de l'arroser d'une seule de ses larmes, ni même de savoir ce qu'il est devenu.

Le directeur a introduit l'ordre partout, et banni l'oisiveté. Tout le monde est occupé ; les uns filent ou tricotent, les autres tressent ou tissent. On fait des habits pour l'été et pour l'hiver.

Les élèves de Chiron préparent les tisanes amères pour guérir les fièvres intermittentes, extirpent la teigne rongeante, et délaient des substances minérales pour tirer le funeste venin qui corrode les chairs et carie les os.

M. le marquis de Lamorelie, préfet de l'Orne, vient d'établir à Bicêtre les bains fumigatoires du docteur Galès, si efficaces pour les maladies de la peau, gale, dartres... ; et qui opèrent tous les jours des effets merveilleux.

Le fondateur de Bicêtre est Antoine Julien, dernier intendant d'Alençon, qui, dans nos troubles révolutionnaires, se retira à Chaillot, dans le couvent de S.te-Perrine, dont sa parente était supérieure, croyant y être bien caché ; mais le comité investigateur sut bien l'y découvrir, et les artisans du bien public lui coupèrent la tête.

Au moins le nom de Julien reste écrit au coin d'une rue, et son prénom dans la chapelle de Bicêtre, pour en rappeler le souvenir ; mais on a effacé les noms de Lallemant de Lévignen, bienfaiteur de la ville, sur l'obélisque de St-Blaise et sur son tombeau dans l'église Notre-Dame.

HALLE AU BLÉ.

Les plus petites villes, les bourgs de Trun et de Carrouges possédaient des halles. On vendait les modes et les diamans d'Alençon dans des boutiques resplendissantes.

On étalait le blé, la plus précieuse des denrées, dans la rue du Jeudi, sur le pavé le plus ancien, le plus étroit et le plus fangeux. Cérès était dans l'affliction de voir sa fille exposée sans abri aux torrens de la pluie. La pauvre femme qui venait recueillir, avec un plumail, quelques grains de blé, échappés du sac ou du boisseau, ne ramassait souvent que de la boue.

Le 18 juin 1806, M. Savary, maire, accompagné de M. Berthelemi, ingénieur, a posé la première pierre de la halle nouvelle, de forme ronde comme celle de Paris. Mais, au lieu d'élever à la déesse de l'agriculture le temple magnifique d'Eleusis, on a construit une pesante masse, qui ne représente pas mal un de ces anciens temples indiens, taillés dans le roc.

On a marqué les différens endroits où l'on doit exposer les différens grains, blé, seigle, orge, avoine, sarrasin, poids (PONDUS) pour pois (PISUM).

On a établi au-dessus un cercle de boutiques, fermées toute l'année ; mais qui, pendant les foires de la Chandeleur et du grand lundi, sont le palais royal d'Alençon.

Les lundi, jeudi et samedi, jours de halle, dès que le son de la cloche a annoncé l'ouverture, la foule des acheteurs se précipite tumultuairement.

Le boulanger circule au milieu du blé, plonge attentivement la main dans le sac, très-scrupuleux sur la qualité, mais fort indifférent sur le prix, d'autant plus avantageux pour lui qu'il est plus élevé.

La pauvre femme se promène tristement dans la mouture, mélange de toutes sortes de grains, dont elle ne peut calculer la proportion, comme Archimède avait calculé la proportion de l'or et du cuivre dans la couronne d'Hieron. Dégoûtée du prix, au-dessus de ses moyens, elle se rabat sur l'orge, la première espèce de gramen cultivée, la nourriture des premiers hommes, la nourriture spéciale des indigens; elle se prosterne au pied d'un sac, tâtonne long-temps, flaire, concasse le grain sous ses dents, éprouve des spasmes à la hausse la plus légère, et ne parvient à payer un demi-décalitre qu'en empruntant de l'obligeant meunier la moitié de la somme.

On a besoin de se promener, on ne le peut pas toujours par le temps de pluie; les habitans de Rouen ont la Bourse couverte; ceux de Caen, le péristile et les galeries du palais; à Alençon, on pourrait avoir la halle au blé, si la ville en ordonnait l'ouverture.

PALAIS DE JUSTICE.

On dit que S.t Louis rendait la justice sous un chêne, dans la forêt de Vincennes. Le palais n'était pas splendide.

Le lieutenant du bailli d'Alençon a quelquefois tenu ses assises à Sées, sous un porche.

Le centenier, qui fut établi à Alençon, lorsque Alençon n'était qu'un village moins considérable que Corbon, n'avait sûrement pas un palais magnifique.

Il paraît que les seigneurs d'Alençon, de la maison de Bellême, les Talvas I et II, n'avaient pas établi beaucoup de tribunaux ; tous les droits étaient à la pointe de l'épée. Quand Talvas II mutila le chevalier Giroye, il ne convoqua aucune cour de justice.

Les seigneurs d'Alençon, de la maison de Montgommeri, avaient un sénéchal, juge d'épée, qui jugeait au château, sans beaucoup de formalités, et qui condamnait sévèrement les vassaux, qui ne payaient pas exactement les redevances seigneuriales.

En 1220, Philippe Auguste, qui avait acheté la seigneurie d'Alençon des héritiers de Robert III, établit un bailli à la place du sénéchal des Montgommeri ; il y a beaucoup d'apparence qu'il siégeait au château, qui n'était point occupé.

Vers l'an 1320, Charles I, seigneur d'Alençon, fils de roi, père de roi, érigea à Alençon, sous le nom d'Echiquier, un tribunal souverain, un parlement, une chambre des lords d'Angleterre, composée de 12 pairs ecclésiastiques et de 24 pairs laïcs. Du nombre des pairs ecclésiastiques étaient les abbés de Jumièges, S.t-Evroult, S.t-Martin-de-Sées, S.t-André-en-Gouffern, Perseigne et Lonlai ; du nombre des pairs laïcs étaient le comte de Montgommeri, les barons de Laigle, Courtomer, S.t-Cenery, Echauffour et Montreuil.

A la place de l'échiquier, on érigea un grand
baillage, qui ne jugeait plus en dernier ressort, mais
dont la juridiction s'étendait jusqu'à S.ᵗ-Silvain, près
de Caen. Ce grand baillage fut érigé en présidial,
en 1555.

Ces différens tribunaux siégeaient sur la place du
Palais, dans une ancienne maison qui existe encore,
et qui est remarquable par un très-haut pignon pointu,
où était la principale porte d'entrée, comme celle
de toutes les maisons qui, dans ces temps là, avaient
également leur pignon sur rue.

En 1779, tous les tribunaux furent transférés dans
l'ancien pavillon du château, bâti dans le douzième
siècle par Jean I, seigneur d'Alençon.

L'escalier est large et commode. La chambre où
se tiennent les séances de la cour d'assises est assez
belle. Deux colonnes de bois, que l'on a posées pour
soutenir les planchers, en avertissant du danger,
inquiètent plus qu'elles ne rassurent. On voit dans
un grand tableau la Justice avec ses attributs, qui
est un peu trop chargée d'embonpoint. C'est plutôt
Bellone, au regard terrible, que Thémis, cette
jeune fille au regard modeste, qui porte souvent
un bandeau sur les yeux.

En suivant une galerie fort étroite, on descend
plusieurs marches pour arriver à la chambre où siége
le tribunal de première instance. Cette chambre est
plutôt le cabinet d'un jurisconsulte que le temple
de Thémis.

On l'élève sur la place Bourbon, d'après les dessins
de M. la Rue. On l'a fondé en partie sur les
anciennes fondations du donjon, et en partie sur

pilotis. On a formé deux étages, non compris le rez de chaussée, et l'on pose aujourd'hui l'entablement. La façade, bâtie en pierre de taille, est fort jolie. Le péristile sera orné de quatre colonnes de granit. On entre par trois portes dans le vestibule; la porte du milieu correspond à la porte d'une très-belle chambre, décorée de 22 colonnes, destinée pour les séances de la cour d'assises.

Il faut espérer que Thémis viendra habiter ce beau temple, et qu'elle descendra du ciel sur la terre pour ne plus y remonter.

TUERIE.

Demander si l'homme est né carnivore, c'est demander s'il est né avec les griffes d'un tigre ou d'un lion; mais, si l'homme n'est pas carnivore de droit, il est cruellement carnivore de fait.

Toutes les semaines, l'on massacre à Alençon 40 bœufs ou vaches, l'on égorge 18 à 20 cochons, 100 veaux ou 100 moutons, suivant la saison, sans compter la volaille et le gibier.

Naguère, vous marchiez sur des grumeaux de sang dans la rue de l'Hospice. Vous risquez encore aujourd'hui, au détour d'une rue, lorsque le charcutier abat sous lui le sanglier d'Erimanthe, de tomber sur le sacrificateur et la victime; vous voyez enfoncer le long couteau, jusqu'au manche, dans le gosier de l'animal; vous entendez les cris aigus, qui s'affaiblissent peu à peu et viennent s'éteindre enfin dans la poéle, pleine de sang, dont on ne perd pas une goutte.

On vient de construire, à la porte de la Barre, une tuerie que l'on aurait pu placer plus loin. Les eaux d'une des branches de la Briante sont teintes de sang, et les Naïades épouvantées ont fui.

Deux têtes de bœuf sculptées annoncent le lieu du carnage. Tâchez de n'y pas passer le vendredi, c'est le jour de sang ; vous verriez marcher en triomphe les prêtres de Bellone, armés de haches, portant à leur ceinture le fusil cliquetant contre le grand couteau ; les victimes rassemblées pour le sacrifice ; le tendre agneau, les pieds liés, couché sur le pavé ; le veau séparé de sa mère qu'il appelle en mugissant, fortement attaché à une des boucles du mur ; le bœuf, frémissant d'horreur, que l'on force d'entrer dans l'antre de CACUS.

C'est envain que vous vous sauvez dans le parc. Le bruit affreux des tambours des Corybantes, qui frappent à coups redoublés, vous y suit, et les sons retentissent sur votre cœur.

Le dimanche matin, vous pouvez manger les quatre estomacs de l'animal ruminant ; les trottins du mouton, enveloppés dans le bonnet ou la panse ; le sang du cochon, renfermé dans ses boyaux, sa chair en boule dans un pâté, ou changée en fromage d'Italie.

Si vous êtes un vrai disciple de Pythagore ou de S.t Bernard, ne fréquentez pas les tables étrangères ; tout y est déguisé ou masqué ; on sert les viandes en papillotes, en étamine et en surtout. Vous croyez manger un petit pain, vous mangez des filets de dindon ; vous croyez manger une omelette, et vous mangez du rognon de veau.

CIMETIÈRES.

Les mêmes instrumens qui conservent la vie, l'usent, et donnent la mort. C'est en détruisant les êtres organisés que la nature les reproduit. Saturne dévore ses enfans, et Vénus les ranime.

Le sauvage, qui n'a calculé ni révolutions solaires, ni révolutions lunaires, qui ne prévoit pas même le lendemain, n'est point troublé par la prévoyance de sa dissolution future.

L'homme civilisé, qui a enregistré sa naissance, calculé les probabilités de la vie et posé les bornes de son existence, a mangé le fruit défendu et acquis la science du mal. Il est nécessaire alors qu'il se familiarise avec l'idée de sa dissolution ; qu'il puisse, comme un Egyptien, dîner avec une tête de mort sur sa table, coucher avec une momie ; comme Young, méditer, la nuit, dans un cimetière ; imiter la résolution du fossoyeur, qui vient de préparer le lit éternel de la jeunesse et de la beauté, et qui n'en soupe que mieux.

Les prêtres égyptiens faisaient une enquête de la vie du mort qu'on leur présentait. S'il avait été méchant, ils le jetaient dans le Tartare, c'est-à-dire à la voirie ; s'il avait été juste, ils l'envoyaient dans les Champs-Elysées, c'est-à-dire qu'ils l'enterraient honorablement.

Les Romains enterraient les personnages distingués sur le bord des chemins, d'où est venu le SISTE VIATOR, et le premier mot des épitaphes françaises : PASSANS.

Autrefois, on enterrait à Alençon dans le centre de la ville. L'effraie, sortant le soir inopinément 'du clo-cher, et faisant entendre ses lugubres cris, en planant sur le cimetière , glaçait d'épouvante l'imagination faible et sensible de l'épouse qui veillait au chevet de son époux mourant. La tendre mère pouvait , du fond de son cabinet, entendre le DE PROFUNDIS des prêtres, le terrible REQUIESCAT IN PACE , les têtes de mort, non encore consumées, lancées par les bédeaux dans la fosse , retentir sur le cercueil de son fils.

Le parlement de Rouen, ayant défendu d'enterrer dans les églises et dans l'enceinte des villes , on porta les corps dans le cimetière S.ᵗ-Blaise, au haut du faubourg de ce nom.

Alors les bières traversèrent toute la ville. Le convoi funèbre passait entre l'élixir de santé et les grains de vie , au milieu des brillantes boutiques de modes et de bijouterie , auprès du septuagénaire qui place de l'argent sur sa tête , et du jeune homme qui va signer son contrat de mariage.

On a établi trois nouveaux cimetières pour les trois paroisses. On a suffisamment écarté les morts pour qu'ils n'incommodent plus les vivans , et l'on a planté, dans chaque cimetière, une ceinture d'arbres, dont les feuilles purifient l'air vital.

Ces silencieuses demeures ne s'ouvrent que pour recevoir de nouveaux habitans; au reste, elles sont exactement fermées.

Il n'est plus permis à la femme sauvage d'aller répandre le lait de ses mamelles sur la fosse de son enfant; à une tendre mère d'aller, une fois par semaine, arroser de ses pleurs la branche de myrte qu'èlle a plantée à côté de la branche de cyprès sur la tombe de sa fille, enlevée au milieu des préparatifs de la noce ; à un pieux fils, d'aller, une fois par mois, verser quelques larmes sur le tombeau d'un bon père, qui a tant répandu de sueurs pour lui procurer une honnête existence.

SIGNES PROFANES.

Les premiers hommes, pour exprimer leurs besoins et leurs pensées, ont employé des gesticulations et des sons articulés, d'où sont venus les gestes des orateurs et les cris des rues d'Alençon.

Les crieurs ont banni les verbes, les adverbes, les modes, les temps, les personnes, les prépositions, les articles, jusqu'aux adjectifs; ils n'ont conservé que le substantif : COUTEAUX, CISEAUX, CHARRÉE.... Un seul crieur a ajouté une aspiration, indispensable pour l'émission de la voix : AH SOUFFLETS.

Les adjectifs positifs et superlatifs se sont réfugiés dans les affiches : JOLI, TRÈS-JOLI, BEAU, TRÈS-BEAU, GRAND, TRÈS-GRAND, SUPERBE, MAGNIFIQUE JARDIN A VENDRE OU A LOUER.

Pour fixer leurs pensées, les premiers hommes ont employé des signes, ont peint ou sculpté les objets. C'est l'écriture hiéroglyphique, laquelle, mal expliquée, a engendré les Dieux, les Déesses, et l'idolâtrie, dont n'ont jamais été coupables les prêtres de l'Egypte, les savans de la Grèce, Socrate, Aristote, Platon, et tous les hommes éclairés.

L'OSIRIS, L'ISIS des Egyptiens, L'ADONIS des Phéniciens, le ZEUS des Grecs, le JUPITER des Romains, le TEUTATÈS, le BÉLÉNUS RAYONNANT des Gaulois,

.n'étaient que des signes, des emblèmes de Dieu, soleil de justice.

La CLEF dans la main de MERCURE à deux faces; signe de l'ouverture de l'année. La CROIX, à un, deux ou trois croisillons, dans la main d'HORUS; marque de la hauteur des eaux du Nil, signe d'une bonne récolte; comme elle est chez les chrétiens le signe du salut, de la rédemption. Le CERCLE, signe de l'éternité de Dieu. L'ÉPERVIER, signe des vents. Le SERPENT, HEVÉ, signe de la vie, d'où est venu, suivant l'ABBÉ PLUCHE, le nom d'EVE, mère du genre humain.

Tout est emblème et signe chez les frères maçons: ORIENT, GRAND ORIENT, ORIENT D'ALENÇON, GRAND ARCHITECTE DE L'UNIVERS, TRAVAUX; MAILLET, TENU A L'ORIENT, A L'OCCIDENT; la CROIX, les TROIS POINTS EN TRIANGLE, les TABLES TRIANGULAIRES; le TABLIER, CUIR D'UN CÔTÉ, SOIE DE L'AUTRE, dans lequel sont inscrits le SOLEIL, la LUNE, UN CERCLE, UNE ÉQUERRE, UN COMPAS... Les grades symboliques: S∴ P∴ R∴ †∴, VÉNÉRABLE, SURVEILLANT, ORATEUR, MAITRE DES CÉRÉMONIES, ARCHITECTE, GARDE DES PORTES, AUMONIER....

Les hommes ont figuré des signes dans les cieux et sur la terre.

Dans le ciel, les constellations, les signes du Zodiaque; la BALANCE, emblème de l'équinoxe d'automne; le CANCER, emblème du solstice d'été.

Sur la terre, les hommes ont mis un sceptre dans les mains d'un roi, une couronne sur sa tête; une aigle sur le casque des soldats romains, une queue de cheval sur la tente d'un général.

Dans la campagne d'Alençon, un bouchon de paille, au haut d'une perche, est un signe expressif, aussi respecté des bergers qu'une ordonnance de police publiée au son du tambour.

Dans la ville, les signes sont singulièrement multipliés.

Le marchand de chaux peint sa boutique en blanc; le drapier, en noir; le barbier, en bleu; le parfumeur, en vert, et le charcutier, en rouge.

Le cabaretier a attaché au-dessus de sa porte la BRANCHE DE HOUX, qui servait dans le champ de foire à ombrager son tonneau; il a écrit correctement : ICI L'ON DONNE A BOIRE ET A MANGER. Celui qui a écrit : ICI L'ON VEND A BOIRE ET A MANGER, a commis un affreux barbarisme.

Le médecin n'a pas besoin d'enseigne. L'apothicaire a fait peindre la CORBEILLE DE CÉRÈS, symbole des PLANTES USUELLES, et le SERPENT D'ESCULAPE, symbole de la VIE et de la SANTÉ. Le charlatan se transporte sur la place, décoré D'UNE ÉCHARPE DE DENTS INCISIVES, CANINES et MAXILLAIRES, dont il est plus glorieux qu'un chevalier de ses cordons.

Le boulanger, le boucher et le traiteur n'ont pas besoin d'enseignes. La PYRAMIDE DE PAINS, l'ÉCLANCHE, le HOMARD à côté de la PERDRIX ROUGE, sont des signes bien parlans.

Le tanneur a suspendu l'habit du fier sauvage, une PEAU DE BLAIREAU; et le fripier, la DÉPOUILLE EN LAMBEAUX d'un pauvre homme civilisé.

La boutique du ferblantier est aussi éclatante que celle du bijoutier. Les lettres d'or brillent sur la boutique du boisier comme sur celle de l'orfévre.

Dans la boutique de l'ancien perruquier, on ne trouve quelquefois qu'une PERRUQUE ÉBOURIFFÉE sur une TÊTE DE BOIS, dont les vers ont rongé le nez. Le coiffeur à la mode a pour enseigne des BUSTES CHARMANS, qui respirent la vie, sur la tête desquels reposent légèrement LA BOUCLE élégante et le TIRE-BOUCHON.

Le serrurier a pris pour enseigne les armoiries du pape, les CLEFS DE JANUS en sautoir (JANUA), beaucoup plus expressives que les MASSES en sautoir du billardier.

Le tapissier a fait peindre une CHAISE CURULE et les rideaux de PARRHASIUS.

Le chapelier a sculpté un CHAPEAU capable de couvrir le chef de GARGANTUA ; et le cordonnier, DEUX BOTTES, qui ne sont certainement pas les brodequins de BORÉE.

Le taillandier a fait peindre des FAUCILLES, des CROISSANS, qui n'approcheront jamais du diamètre de la ROUE qui couronne la porte du carrossier.

Le signe modeste du couvreur, les DEUX LATTES EN CROIX, m'avertissent de ne pas suivre le revers de la rue ; je m'élance sur la chaussée ; mais le signe éclatant du postillon, le FLIC-FLAC de son fouet, me frappe bien autrement, et je me jette dans le ruisseau.

Les aubergistes, pour peindre leurs enseignes, ont mis à contribution le ciel et la terre, les animaux et les plantes, la mer et les poissons ; ils ont représenté le SOLEIL, le CROISSANT DE LA LUNE, la BELLE ÉTOILE, le CYGNE, le CHEVAL ROUGE, le CHEVAL BLANC, la LEVRETTE, le GRAND CERF, la POMME D'OR, la POMME DE PIN, l'ANCRE, le DAUPHIN, jusqu'au CHAPEAU ROUGE DU CARDINAL.

Un jour de foire, l'aspect des différens signes, les SONS MÉLODIEUX DU BOISIER, l'ÉTALAGE DU MERCIER ET DU POTIER, l'ARLEQUIN SUSPENDU à la boutique du bijoutier d'enfans, DEUX BOUTS DE TABAC EN SAUTOIR, dispersent à l'instant la famille campagnarde la plus unie ; chaque membre vole au signe qui l'appelle ; le garçon achète un fifre pour conduire son troupeau ; la mère, une potine pour passer l'hiver ; la grande fille, un mouchoir frangé pour présenter le pain béni ; la petite fille, une poupée, sa première passion ; et le père, du tabac, son premier besoin.

SIGNES RELIGIEUX.

L'ancien Testament n'était qu'un signe emblématique du nouveau. L'ENFANT QUI MANGE DU BEURRE ET DU MIEL ; JOSEPH VENDU PAR SES FRÈRES ; ISAAC PORTANT LE BOIS DU SACRIFICE ; l'AGNEAU DE LA PAQUES ; le SERPENT D'AIRAIN, SUSPENDU AU HAUT D'UNE PERCHE ; la CHUTE DES CAILLES DANS LE DÉSERT ; le POISSON DE JONAS (SIGNUM JONAE), sont des figures qui se sont accomplies dans la nouvelle loi.

Les 4 ANIMAUX, les ROUES ENFLAMMÉES, le TRÔNE DE FEU d'Ézéchiel, les 7 SCEAUX, la CHUTE DU DRAGON, les NOCES DE L'AGNEAU, la NOUVELLE JÉRUSALEM de l'Apocalypse, sont des signes et des emblèmes inintelligibles pour ceux qui n'en ont pas la clef.

Le SERPENT sous les pieds de S.t Michel, le BOEUF de S.t Luc, le LION de S.t Marc, l'AIGLE de S.t Jean, l'HOMME de S.t Mathieu, l'AGNEAU de S.t Jean-Baptiste, le CHIEN de S.t Roch, le COCHON de S.t Antoine, sont aussi des signes mystérieux.

Les 7 sacremens sont tous des signes sanctifians. L'eau , signe du lavement spirituel ; le PAIN ET LE VIN, de la manducation céleste ; l'HUILE , de l'onction de la grâce ; et le PETIT SOUFFLET de l'évêque , de la force dans les combats.

De tous les signes le plus universel c'est la CROIX, composée de deux lignes qui se coupent à angles droits , et conséquemment aussi ancienne que la géométrie.

Les Arabes sabéens inscrivaient des croix dans leurs maisons. Les Egyptiens mettaient une croix à la main de leurs dieux , et l'attachaient au cou des malades. Tous les ans , le grand prêtre des juifs donnait la bénédiction , en formant une croix et étendant la main vers les 4 parties du temple.

La croix est le signe des chrétiens par excellence, le signe du salut et de la rédemption. Le Jeudi-saint, le pape , formant une croix avec la main , donne la bénédiction à la ville et au monde, URBI ET ORBI ; et la pieuse campagnarde ne manque jamais de faire une croix sur le pain qu'elle entame.

SIGNER , C'EST BÉNIR. A la messe , le prêtre , revêtu de 8 croix, en y comprenant l'étole croisée , forme 73 signes de croix sur lui-même et sur les oblations (SUPER OBLATA).

L'Anglais S.t Latuin est le premier qui ait planté une croix sur les bords de la Sarthe , afin que les Alençonnais puissent y suspendre journellement leurs peines et leurs péchés.

Le temple de Notre-Dame, tourné à l'Orient comme presque tous les temples, forme une croix. Ce signe est répandu partout : sur le pavé , sur les murs, sur le calice, sur le ciboire, sur le tabernacle, sur la chaire, sur les cloches, sur la pointe du clocher, dans les cimetières, sur les tombes, sur la terre des tombeaux, aux carrefours des chemins.

Le crucifère porte la croix à la tête de la procession, la jeune fille à son cou, le chevalier sur la poitrine, la carmélite sur les épaules, la dominicaine au côté, et le pape sur ses mules.

Guillaume III et son fils, seigneurs d'Alençon, prirent la croix, avec un million de Français, pour la porter en Palestine. Les moines de la seigneurie, qui avaient dans la ville des maisons de refuge pour les temps de guerre, plaçaient des croix sur leurs portes. Les notaires inscrivaient une croix au haut de leurs actes, les parties et les témoins avant leurs signatures; ce que font encore les évêques. Le premier signe qui frappait un enfant était une croix, en tête de son abécédaire; avant de prononcer la première lettre de l'alphabet, il prononçait CROIX DE PAR DIEU.

CULTE.

Jadis, les moines de l'abbaye de Lonlay faisaient à Alençon les fonctions du ministère; ce sont aujourd'hui des prêtres séculiers.

En 1243, Geoffroy de Mayet, évêque de Seès, ordonna qu'il n'y aurait qu'un vicaire perpétuel pour les deux églises de Notre-Dame et de S.ᵗ-Léonard; aujourd'hui il y a un curé dans chaque paroisse.

Il y avait autrefois à Notre-Dame 53 chapelains et 13 confréries : le S.ᵗ-SACREMENT, la CHARITÉ, la Présentation, la Conception, Notre-Dame-de-Pitié, le Rosaire, S.ᵗᵉ-Croix, S.ᵗ-Jean, S.ᵗ-Nicolas, S.ᵗᵉ-Geneviève, la Rédemption des captifs, les Secrétaires et les Tanneurs.

Il y avait à S.ᵗ-Léonard 17 chapelains et 6 confréries : le nom de Jésus, S.ᵗ-Léonard, Toussaint, S.ᵗᵉ-Catherine, S.ᵗᵉ-Barbe et S.ᵗ-Eloi. On y faisait l'office canonial ; il n'y a plus dans ces églises de chapelains en titre, ni d'office canonial ; on a seulement rétabli la confrérie du Rosaire, et institué celle du Chemin de la Croix, et celle du Scapulaire, fondée sur une vision que le normand Launoi regardait comme une fable.

L'église S.ᵗ-Léonard, autrefois la mieux décorée, est celle qui a le plus perdu ; elle n'a plus d'orgues, ni ses belles chapes à agraffes d'or, ni son S.ᵗ-Léonard d'argent.

La commémoration de la S.ᵗᵉ-Cène se faisait autrefois le soir ; aujourd'hui, toutes les messes se disent avant midi.

Pour dire la messe, le prêtre se revêt de ses ornemens, met sur ses épaules l'amict, qu'il mettait autrefois sur sa tête (galeam salutis), et attache à son bras gauche la manipule, qui remplace le mouchoir avec lequel il essuyait ses pleurs (manipulum fletus et doloris).

Autrefois la messe n'était pas longue. On connaît le nom des papes qui ont ajouté, les uns le confiteor, les autres l'introït, les autres le kirie, les autres le gloria in excelsis, et les autres le credo. Un des plus précieux restes de l'ancienne messe, à la consécration près, est la messe du Vendredi-S.ᵗ. Non fiunt missae, dit S.ᵗ Césaire, quandò

DIVINAE LECTIONES IN ECCLESIA RECITANTUR; SED QUANDO MUNERA OFFERUNT, ET CORPUS ET SANGUIS CHRISTI CONSECRANTUR.

Les vêpres qui, suivant les anciens liturgistes, n'étaient pas plus longues que celles du Samedi-S.t, se célébraient fort tard. C'est pour cela que les acolytes s'approchent encore aujourd'hui du célébrant, pour lui éclairer, lorsqu'il chante le CAPITULE et les ORAISONS.

Les complies ne se disaient point au chœur; les prêtres achevaient ce complément de l'office, en allant se coucher; et, lorsqu'ils étaient arrivés dans leurs chambres, ils récitaient l'oraison : VISITA, QUAESUMUS, DOMINE, HABITATIONEM ISTAM.

Les chapes n'étaient autrefois qu'un manteau pour garantir de la pluie (PLUVIALE), c'est aujourd'hui un ornement, plus ou moins précieux, qu'on ne prend que par le beau temps.

Je ne connais pas de scène plus frappante que le moment où, les prêtres, étant revêtus de chapes noires pour aller chercher le corps d'un de leurs confrères, le célébrant, en sortant de l'église, entonne, d'une voix lugubre, le répons : DEFECERUNT, SICUT FUMUS, DIES MEI....

Les enterremens des laïcs ne sont point aussi solennels. Il est défendu, même aux simples clercs, de porter les corps. Les encensemens ne sont point aussi multipliés; néanmoins, on encense une fois autour de la bière, peut-être pour dissiper les mauvaises odeurs; ce qui parait le prouver, c'est que, le jour du service, on n'encense point la RE-PRÉSENTATION, et que, dans quelques églises, les prêtres n'encensaient point les corps ; les enfans de chœur seulement, pendant tout l'office, brûlaient de l'encens autour de la bière, sans bénédiction préalable.

Lorsqu'un malade était à l'extrémité, on allumait un cierge, symbole de la vie, comme pour prolonger son existence; lorsqu'il paraissait avoir rendu le dernier soupir, on agitait une clochette à ses oreilles, comme pour le réveiller, d'où est venu l'usage de sonner les cloches. Comme les enterremens se faisaient la nuit, les assistans portaient des cierges allumés, usage qui s'est perpétué, quoique les enterremens se fassent en plein jour.

On fait dans les rues les processions des ROGATIONS, qui remplacent les arvales des anciens, et que l'on devrait faire autour des champs, comme l'on fait dans les paroisses de la campagne.

Tous les ans, le jour de l'invention de la S.te Croix, le clergé de Notre-Dame porte processionnellement dans les rues UN MORCEAU DE LA VRAIE CROIX, enchâssé dans une croix d'argent. Quoique cette relique n'ait pas son AUTHENTIQUE, suivant le procès-verbal de Louis Daquin, évêque de Seès, la dévotion du peuple n'est pas moins bien justifiée par un usage de plus de 400 ans.

La procession du S.t Sacrement, FÊTE-DIEU, est incontestablement la plus belle. Autrefois, la procession de S.t-Léonard était escortée des bouchers, armés de leurs haches et de leurs longs couteaux, qui contrastaient singulièrement avec la douceur de l'agneau. Aujourd'hui, S.t-Léonard se réunit à Notre-Dame pour rendre la cérémonie plus majestueuse.

Les rues sont jonchées de fleurs différentes ; on pourrait y faire un cours de botanique. La table que l'on portait pour poser le S.ᵗ-Sacrement, lorsque le prêtre était fatigué, est changée en magnifiques reposoirs, où le bon Sauveur, comme à son entrée en Egypte, se trouve quelquefois au milieu des dieux du paganisme, représentés sur les tapisseries. Au reste, tout est frappant : les tambours, la musique, les longues files de chapiers. Seulement on a peine à concevoir comment les nombreux thuriféraires, occupés à faire leurs évolutions, à tracer des lignes parallèles, ou qui se croisent à angles droits, peuvent parvenir à former de belles ORAISONS JACULATOIRES, en formant des lignes courbes dans l'air avec leurs encensoirs vides.

L'étole est un ornement spécialement attaché à l'ordre de la prêtrise, que les prêtres ne quittaient jamais ; ils portaient l'étole à la maison, à table, dans les rues ; S.ᵗ Thomas de Cantorberi couchait avec son étole. Le pape la porte encore dans son palais et dans les rues de Rome.

Aujourd'hui, les prêtres, qui ne portent plus l'étole habituellement, ne manquent pas de s'en revêtir pour administrer les sacremens, enterrer un enfant, bénir une bague, un chapelet, un animal malade, un champ ravagé par les sauterelles, une maison infestée d'esprits malins ; et, dans la ville d'Alençon comme dans tout le diocèse de Seès, les prêtres ne prennent point d'étole pour bénir un homme, un pénitent, user d'un de leurs plus grands pouvoirs, et absoudre, suivant la formule de l'église latine EGO... Le rituel d'Alet défend expressément d'administrer le sacrement de pénitence, sans étole.

Février, qui finissait l'année des peuples qui la commençaient au mois de mars, était pour eux le mois des expiations et des lumières. Ils écuraient les chaudières, purifiaient leurs consciences pour le renouvellement de l'année. Ils portaient aussi des lumières pour célébrer le retour du soleil, qui se rapprochait du signe du Belier.

La CHANDELEUR, établie chez les chrétiens sur un fondement plus solide, a toujours été une des plus grandes fêtes de Notre-Dame d'Alençon. Ce jour, le seigneur de Larré recevait du prieur, ou curé, à l'entrée du chœur, une botte de paille, en échange du fief de MANCICAS, que ses ancêtres avaient donné au prieuré; et une HAVÉE de chandelles, vieux mot, qui signifiait ALLUMÉ. On dit encore HAVI, ou brûlé du soleil.

C'est la fête de la Chandeleur qui a donné naissance à la plus considérable foire d'Alençon, comme partout les réunions chrétiennes ont été l'origine de la plupart des foires.

La religion a dépouillé les hommes de leurs habits de sauvages, les a rassemblés, adoucis, civilisés, sanctifiés; a établi le commerce des villes, et fondé des villes dans les déserts.

Les prêtres de la Chaldée, de l'Egypte, de la Grèce, de la Judée, ont été les législateurs des nations, les dépositaires de la science; LABIA SACERDOTIS CUSTODIENT SCIENTIAM. Le Christ dit à ses disciples: VOS ESTIS SAL TERRAE, VOS ESTIS LUX MUNDI.

ASSEMBLÉES RELIGIEUSES.

La philosophie, de mauvaise humeur, nous reproche quelquefois bien injustement les abus des assemblées religieuses; elle rappelle malignement les fêtes de l'ANE, des FOUS, de S.ᵗ-Nicolas à Notre-Dame, où l'on habillait un enfant en évêque; elle fait de vaines recherches sur les rapports des noms de CREPIDA, avec les S-ᵗˢ Crépin et Crépinien; des LIENS DU CAPTIF, avec S.ᵗ Léonard ou Liénard; de la guérison des DOULEURS D'ORTEILS, avec S.ᵗ Ortaire de S.ᵗ-Nicolas-des-Bois; d'une CONSTELLATION, avec S.ᵗ Roch et son chien.

La religion chrétienne a des fondemens plus solides; elle est fondée sur les leçons du Christ et la doctrine de S.ᵗ Paul; la chercher dans les dévotions populaires, dans la LÉGENDE DORÉE, c'est chercher l'évangile dans la mythologie, l'or pur dans l'atelier d'un faux monnoyeur, les pièces authentiques dans les archives d'un faussaire, l'armure d'un soldat dans la boutique d'un bijoutier d'enfans, les principes de la morale chez les galériens, et la sagesse à Charenton.

Il se tient dans les beaux jours d'été, aux environs d'Alençon, 7 assemblées chrétiennes, qui ont bien dégénéré:

22 avril, S.ᵗᵉ Opportune, à Damigni; 1.ᵉʳ mai, S.ᵗˢ Jacques et Philippe, sur la butte de Chaumont; à la Pentecôte, S.ᵗ Ortaire, à S.ᵗ-Nicolas-des-Bois; 22 juillet, S.ᵗᵉ Madeleine, à Héloup; 26 du même mois, S.ᵗᵉ Anne, à Champfremont; 31 du même mois, S.ᵗ Germain-d'Auxerre, à S.ᵗ-Germain-du-Corbeis; 16 août, S.ᵗ Roch, à Courteille.

Peindre une de ces assemblées, c'est les peindre toutes; je choisis S.ᵗᵉ-Anne, la plus considérable.

On représente communément Ste Anne assise, en costume d'une bonne paysanne, apprenant à lire à sa fille, non sur une table gravée, STILO FERREO, PLUMBI LAMINA ; non sur un rouleau sur lequel on a tracé des lettres hébraïques ou syriaques, mais dans de belles heures imprimées en caractère CICERO.

On a bâti la chapelle Ste-Anne, ainsi que bien d'autres, auprès d'une fontaine où les dévots viennent puiser la santé. Indépendamment du miracle, il arrive souvent que les eaux d'une source limpide tempèrent les ardeurs de la fièvre, occasionnée par l'usage immodéré des boissons fermentées.

La veille de la fête, arrivent la marchande de galettes; les pipes de cidre; les cabaretiers, qui dressent leurs tentes, affermissent les tables et les banquettes ; les marchands, qui viennent pour étaler leurs beaux mouchoirs; les pauvres estropiés, leurs plaies hideuses; et les dévotes, qui veulent voir les miracles de la nuit, ou la nuit des miracles.

Le matin du jour, la population des environs est en mouvement dans un rayon de cinq lieues. Les uns sont déjà arrivés, les autres sont en chemin, les autres partent.

Le maître, la maîtresse, le valet, le berger, la vachère, abandonnent la demeure; les pauvres vaches restent à l'étable à ronger un peu de paille, et les brebis lèchent le pavé de la cour.

Les villages sont déserts; le curé n'a ni chantres ni sacriste; il est obligé d'allumer les cierges, de chanter et de répondre.

Le même empressement se fait apercevoir dans la ville; on laisse St-Anne de Notre-Dame pour

Ste-Anne de Champfremont ; les chaises des églises sont vacantes, et les adjudicataires murmurent.

Les cabarets sont calmes ; les garçons de café sont partis, et les billes dorment.

C'est un beau tapage dans la chapelle et au dehors. Les filles et les femmes se coudoient, s'étouffent pour se faire dire des évangiles.

Comme un patriarche mettait la main sur la tête de son fils pour lui donner sa bénédiction, le prêtre promène son étole sur les têtes, pour expédier un évangile qui n'est pas long. Une bonne femme arrête l'étole sur sa tête, fait dire des évangiles pour elle, pour sa famille, pour toutes les boiteuses du village. Sa voisine, impatientée, arrache l'étole, la transporte sur sa tête, et force le prêtre de sourire.

Chacun entend la messe comme il peut, sans présence corporelle ni mentale : le marchand d'images à sa boutique, la boulangère auprès de ses galettes, la fruitière auprès de ses paniers, le cabaretier à la porte de sa tente, et le coureur de bagues sur son cheval de bois. Au son du sacrement, les femmes s'agenouillent, les hommes se contentent de mettre un genou en terre. Tous se relèvent à l'Agnus ; c'est l'ite, missa est.

A midi, arrivent tumultuairement les cavalcades joyeuses de la campagne ; notaires et juges de paix ; et de la ville, des charretées de femmes et de philosophes.

Alors le cabaretier ne peut plus suffire ; les robustes paysans écartent la foule qui environne la pipe, emportent la cruche pleine, et vont s'asseoir sous un poirier.

Les bourgeois entrent sous une tente ; un banc mal affermi s'affaisse sous le poids ; les hommes sont renversés, les femmes foulées ; l'une perd ses BOUCLES et ses TIRE-BOUCHONS, et l'autre son CHIGNON POSTICHE ; c'est une vraie banqueroute (BANCA RUPTA).

La bonne femme ne prend point de part à ces fêtes profanes ; elle va s'asseoir dévotement sur le bord de la fontaine, mange son morceau de pain d'orge, puise de l'eau dans le creux de sa main pour se désaltérer, et en emplit une fiole pour sa voisine, qui a la fièvre tierce.

Une jeune veuve est inquiète durant le dîner ; c'est en vain qu'on la réforce, elle ne veut ni boire ni manger ; elle quitte la table ; on croit qu'elle a oublié quelque dévotion à faire, c'est pour aller consulter la DISEUSE DE BONNE AVENTURE. Elle a déjà consulté toutes les TIREUSES DE CARTES de la ville, fameuse par la naissance de la SIBYLLE de la rue de Tournon ; elle n'est pas contente ; elle veut connaître la taille, la figure et la couleur des cheveux de son futur.

Le jour le plus long est trop court. Sur le soir, les dévots pèlerins s'animent, s'échauffent ; il s'élève des orages dans les réunions les plus calmes. Les gendarmes redoublent d'activité ; ils surveillent spé- cialement les tables et les jeux de la blanque.

Il faut enfin partir ; les charrettes de la ville se remplissent ; c'est l'arche de Noé ; on rit beaucoup, et la paix règne ; tandis que les campagnards, qui ont bu sous le même ormeau, se disputent en s'en allant, se battent et s'estropient.

Il se boit dans cette assemblée 60 à 80 pipes de

cidre ; et le gouvernement reconnaissant vient d'ac-
corder le droit d'y établir une foire, qui pourra
devenir une GUIBRAI.

La foire de Guibrai a eu de plus faibles com-
mencemens. En 720, un mouton, en grattant la
terre, découvrit une statue de la vierge, comme
un autre mouton avait découvert NOTRE-DAME DE
LA DÉLIVRANDE ; on porta la statue miraculeuse dans
la chapelle de Guibrai, qui était alors environnée
d'un bois de châtaigniers. Tous les ans, le jour de
l'Assomption, des pélerins venaient visiter la chapelle ;
quelques marchands d'images s'y établirent ; et voilà
l'origine d'une foire, qui attire des marchands de
toute l'Europe, et réunit les productions industrielles
des quatre parties du monde.

ETABLISSEMENS RELIGIEUX.

Huit communautés religieuses ont été fondées à
Alençon : les DAMES Ste-CLAIRE par Marguerite
de Lorraine, en 1501 ; les CAPUCINS par De l'Epinay,
en 1626 ; les FILLES-NOTRE-DAME par Julien Pasquier,
en 1628 ; les BÉNÉDICTINES par Geneviève de Flotté
et Marie Dauvet, en 1638 ; les VISITANDINES par
la ville, en 1659 ; les NOUVELLES-CATHOLIQUES par
Mademoiselle de Farcy, en 1679 ; les DAMES DE LA
PROVIDENCE par Bélard, en 1722 ; les CARMELITES
par Rose des Chapelles, en 1779.

De toutes ces communautés il ne reste plus que
quelques membres des Dames Ste-Claire, des Visitandines et de la Providence.

Sous la protection des lois qui établissent la liberté
des cultes, les Dames Ste-Claire se sont réunies

dans une maison qu'elles ont achetée, sur la Demi-Lune, où elles ont fait bâtir un parloir, une cuisine, un réfectoire, des dortoirs, et converti une grange en église. Quelques légers murmures se sont fait entendre. On a dit : elles ne sont point utiles.... Elles sont nécessaires à de jeunes personnes qui craignent la corruption du siècle, et croyent avoir besoin de cette retraite pour faire leur salut avec sureté... Elles ne sont bonnes que pour elles... C'est quelque chose ; il est bien des personnes qui n'ont pas ce talent ; d'ailleurs l'égoïsme n'est pas rare dans le monde ; et l'on ne devine pas trop quelle est la bonté relative du CÉLIBATAIRE DESOEUVRÉ, qui ne vit que d'inscriptions sur le grand livre... Elles ne rendent aucun service à la société.... Elles lui en rendent beaucoup, en prêchant, sous le voile de la modestie, contre le luxe et les boutiques de modes ; en prêchant plus éloquemment encore, par leur vie sobre et purement frugale, contre le carnage et la charcuterie. Le philosophe, sur le seuil de l'éternité, abandonné des médecins, lorsque les loks ne passeront plus, ne sera pas fâché que sa garde lui fasse faire une NEUVAINE par les bonnes Dames S.te-Claire.

Après avoir perdu un très-bel établissement sur la place des Poulies, les Dames de la VISITATION, ainsi nommées des visites qu'elles étaient obligées de faire aux malades, et non de la visite que la S.te-Vierge fit à sa cousine Elisabeth, se sont réunies dans une maison qu'elles ont achetée, rue de la Mairie. On né pourra pas leur reprocher qu'elles ne rendent aucuns services à la société ; ces bonnes dames se consacrent à l'éducation des jeunes demoiselles ; et, sans aucun intérêt, à l'instruction des pauvres filles, qui n'ont pas le moyen de payer pension.

Les dames de la Providence continuent à instruire avec beaucoup de zèle, et à préparer à la communion les jeunes filles, beaucoup plus fines que les garçons, qui sont parfois si adroites à se soustraire à la vigilance de leurs mères, et qui ont besoin d'une surveillance plus suivie.

CONTROVERSES.

Les écritures sont quelquefois obscures, suivant le témoignage de S.ᵗ-Pierre lui-même.

Le Sauveur, en mourant, a laissé un testament à ses enfans, qui l'ont interprété diversement, comme le prouve le gros dictionnaire des hérésies.

Les querelles théologiques de Constantinople et d'Alexandrie n'ont point pénétré à Alençon; mais les opinions d'un moine allemand et d'un chanoine de Noyon y ont causé bien des troubles, et fait verser beaucoup de sang.

Deux curés de Notre-Dame d'Alençon, Caroli, Lucas Caiget; leurs vicaires; frère André, cordelier; huit autres ecclésiastiques, adoptèrent les nouvelles opinions; Thomas du Perche, curé de Saint-Germain-du-Corbeis; Etienne le Court, curé de Condé; Jean le Sage, curé de Cuissai, les imitèrent. Quelques-uns même se marièrent, s'appuyant sur le texte de S.ᵗ Paul (UNIUS UXORIS VIRUM.... SOBRIUM....)

Tous les magistrats, Rabodanges, gouverneur du château, une partie des bourgeois, suivirent l'exemple des prêtres. La moitié de la ville devint protestante.

On établit des prêches à la porte de Seès, sous les halles et dans la rue du Temple. On écrivit de part et d'autre ; mais on ne s'en tint point à la guerre de plume , et l'on pécha grièvement des deux côtés.

Les protestans devinrent les plus forts , en 1562 ; mais fallait-il couper les oreilles des prêtres , les porter en bandoulières sur le pont du Guichet , violer l'asile sacré des dames S.te-Claire, enfoncer les portes, casser la cloche , chasser les religieuses , jeter dans les escaliers la dame de Malèfre , qui ne descendait pas assez vite ; poursuivre dans la ville, avec des huées , ces bonnes dames , qui se réfugièrent au château d'Aché ?...

Les catholiques se trouvèrent les maîtres, en 1572 ; mais fallait-il aiguiser des couteaux pour se venger des protestans , qui ne durent leur salut qu'à Matignon , gouverneur de la ville , qui accourut de son château de Lonrai , et les prit sous sa protection ? Fallait-il pendre un pauvre protestant à la porte de l'église de Montsort ? démolir le temple de Lencrel, envoyer les ministres aux galères , et forcer les plus attachés au nouveau culte évangélique à s'expatrier, et à emporter en Angleterre , en Hollande et en Prusse, leur argent , les manufactures , les arts et les métiers ? Les protestans n'ont-ils pas aussi leur conscience ? Ils abandonnèrent la ville , et il n'en reste plus aujourd'hui que trois ou quatre familles.

On agita long-temps à Paris de bien graves questions sur les matières inintelligibles de la grâce , spécialement sur les cinq fameuses propositions, extraites d'un gros livre latin , que personne ne lit. Les uns

crurent les y voir clairement ; les autres ne purent
les apercevoir.

Du nombre de ces derniers furent plusieurs prêtres
d'Alençon , distingués par leurs talens : JEAN LE
NOIR , théologal de Seès ; Marignier ; Morel , docteur
en théologie ; Rollin ; Hébert ; Farci , docteur en
théologie , protonotaire du S.ᵗ-Siège et archidiacre.
Ils eurent pour adversaires les jésuites du Collége ;
on écrivit beaucoup , on se dit bien des injures ;
et l'on pécha encore grièvement des deux côtés.

Les partisans de JANSÉNIUS ne méritaient pas le
reproche de moralistes relâchés ; ils n'élargissaient
pas le chemin du Ciel , et ne mettaient pas des
oreillers mollets sous la tête des pécheurs endurcis ;
mais fallait-il mettre en question s'il était permis de
faire de la dentelle ? Fallait-il traiter les jésuites de
Pélagiens , qu'ils n'étaient pas ? Fallait-il montrer tant
d'opposition à la cour de Rome , qui n'était certainement pas l'ennemie de la grâce efficace ?

Les jésuites étaient remplis de zèle pour la cour
romaine ; mais fallait-il traiter les Jansénistes de
Calvinistes , qu'ils n'étaient pas ? Fallait-il forcer le
docteur Morel à passer dans le diocèse de Bayeux , où il
fut très-bien reçu par M.gr de Lorraine ? Fallait-il faire
condamner aux galères , et à faire AMENDE HONORABLE ,
la torche au poing , devant la principale porte de l'église
Notre-Dame de Paris , JEAN LE NOIR , le plus probe
des hommes , de la morale la plus sévère , qui avait
peut-être employé quelques expressions un peu dures ,
mais qui ne méritait pas plus cette peine que le
pieux auteur de l'imitation de Jésus-Christ , qui
a dit formellement : BENÈ SEMPER EQUITAT , QUEM
GRATIA DEI PORTAT.

La constitution civile du clergé occasionna bien
des troubles à Alençon, et fit aussi répandre beaucoup de sang. Les curés et vicaires de Notre-Dame
et de Montsort se soumirent, ainsi que plusieurs
curés des environs, Mieuxcé, Pacé, S.ᵗ-Nicolas,
Damigni et Hauterive; S.ᵗ-Germain, Condé, Valframbert et Semalé refusèrent. Plusieurs prêtres furent
sacrifiés, à Gacé, Pontécrépin, S.ᵗ-Ceneri, la Ferrière-Bochard, Alençon, où le capucin Valframbert
a péri dans une insurrection populaire; et le vicaire
de Radon, Calbri, sur un échafaud, AU NOM DE
LA LOI. On pécha encore grièvement des deux parts.

Les constitutionnels croyaient voir revivre l'ancienne
discipline de l'église; quelques-uns ignoraient la
bulle de Pie VI; mais fallait-il prendre la place de
pauvres curés, qui n'avaient pas cru pouvoir faire
le serment? Fallait-il les suivre à la piste, et les
chasser comme des bêtes fauves?

Les réfractaires ont montré de la délicatesse, et
même du courage; mais fallait-il décrier indistinc-
tement, comme des impies, de bons curés, qui
s'étaient soumis, pour conserver leurs places, et
dont quelques-uns sont morts pour le soutien de
la religion?

Les portes de la France se sont ouvertes aux prêtres
exilés.

Soixante et quelques enfans de S.ᵗ-Bernard, de
la réforme de Bouthillier, dispersés sur les montagnes de la Suisse et dans les déserts de la Russie,
relèvent aujourd'hui les murs de la Trappe, pour
opposer au monde l'ancienne Thébaïde, et le régime
frugal aux nouveaux GASTROLATRES.

Les Lévites, de retour de la captivité, entonnent avec alégresse le sublime cantique : SUPER FLUMINA BABILONIS....

Mais la déesse, qui porte une torche ardente, s'est glissée de nouveau parmi les ministres d'un Dieu de paix.

Ceux qui ont passé les mers dans le même navire, qui ont vécu ensemble dans le château de Wincestre, sous le régime angélique de M. Martin ; qui ont brodé, tricoté, tressé et tissé dans le même atelier, se sont divisés, en rentrant dans leurs foyers.

Les uns, continuant de marcher sur les traces des 38 évêques, qui ont protesté contre le concordat, ne veulent point le reconnaître ; les autres s'y conforment volontiers pour conserver l'unité. On pèche encore grièvement de part et d'autre.

Les non-concordataires traitent l'église des concordataires d'ÉGLISE DE BELZÉBUTH, de CAVERNE DE VOLEURS, de PROSTITUÉE DE BABILONE. Les concordataires appellent les non-concordataires des SERPENS, des ASPICS, des VIPÈRES.... Toujours des injures pour des raisons.

Ne vaudrait-il pas mieux rappeler les non-concordataires à l'unité, en leur faisant voir que les évêques qui ont protesté se sont soumis ; que le concordat était peut-être nécessaire ; que Pie VII a bien expié, à Savonne et à Fontainebleau, les condescendances auxquelles on a pu le forcer ; que la PETITE ÉGLISE, n'ayant point en elle-même des principes de perpétuité, ne peut-être l'église de Jésus-Christ ?

Il existe un autre sujet de controverse. Les anciens

prêtres, encore imbus des vieux principes, n'osent
plus jeter leurs regards sur la splendeur de l'église
gallicane, ni exprimer les moindres regrets devant
les nouveaux docteurs, qui n'ont jamais entendu
parler, ni de Bossuet, ni de la déclaration du clergé,
en 1682 ; et qui professent en France un ultra-
montanisme plus outré qu'à Rome même.

Je finis ces ennuyeuses controverses. Un pauvre
curé, revenu de son exil, est bien surpris de voir
sa place prise ; son INAMOVIBILITÉ, appuyée sur des
conciles généraux, renversée ; le titre de curé changé
en celui de desservant, avec la clause QUANDIU
PLACUERIT. Il jette alors tristement les yeux sur ses
stigmates qu'il chérit, et se plaint amèrement d'avoir
survécu à ses longs tourmens.

Faut-il que le nouveau possesseur, qui couche
dans son presbytère, cultive son jardin, jouit du
traitement, du supplément de traitement, du casuel,
des honoraires et de l'encens, insulte encore à la
misère du pauvre dépouillé, qui n'a plus au monde
que sa conscience, et qui se renferme dans sa
chambre, où il prie pour lui-même et pour son
successeur ?....

Il est dans l'erreur.... Mais, s'il est dans la bonne
foi, son erreur ne lui est pas imputable.... Il n'est
pas de bonne foi.... Le jugement n'est pas très-
charitable ; ce n'est plus là une question de droit,
c'est une question de fait.... Il court à sa perte
éternelle.... Il faut avouer qu'il n'a pas pris là voie
large, un chemin couvert de fleurs ; non-seulement
il se damnerait de gaîté de cœur, mais il achèterait
sa damnation par le sacrifice de toute sa fortune

et de son bien-être ; c'est comme si vous commenciez par jeter vos meubles dans la rivière, pour vous y jeter après.

ENSEIGNEMENT.

On ne croit plus aux idées innées ; toutes nos connaissances sont acquises ; nous avons besoin d'écoles et d'instruction.

Du temps des Druïdes, les Diablintes n'étaient que de pauvres ignorans ; toute la science était renfermée dans le collége des prêtres.

César, qui conquit le territoire d'Alençon, écrivit ses commentaires avec bien de l'élégance ; mais ses soldats, chargés de leurs armes, et qui portaient sur leur dos des provisions pour huit jours, n'étaient pas plus habiles que le peuple vaincu.

Après la conversion des Diablintes par S.t-Latuin, toutes les sciences se concentrèrent dans les cloîtres de Lonlai et de S.t-Martin de Seès.

Sous le règne de la féodalité, les Talvas et les Montgommeri, seigneurs d'Alençon, signaient avec le pommeau de leur épée ; et les paysans faisaient une croix.

Naguère, on n'avait d'autres mémoires que les tailles des boulangers ; et les cabaretiers charbonnaient sur le mur le nombre des pots de cidre que vous aviez bus.

Aujourd'hui, tout le monde sait lire, écrire et calculer.

Chaque bonne maison a son BUDJET, où l'on enregistre les aumônes, qui déjà sont enregistrées dans le ciel. Les dresseurs de cordes sur le pavé, les fendeurs de bois, tiennent registre.

Tous les ouvriers font des mémoires. Votre blanchisseuse vous en présente un bien détaillé ; vous savez le nombre des aiguillées de fil qui sont entrées dans la façon de votre culotte, et celui des clous de vos souliers.

L'huissier calcule les distances à un mètre près ; l'avoué compte les lignes de la grosse ; le médecin compte ses pas. On connaît les mémoires de l'apothicaire.

Si vous avez un voyage à faire, il est nécessaire que l'on connaisse la mesure de votre pas et la longueur de votre nez. Si vous faites un mince repas à l'auberge, on vous présente une longue carte ; et si vous couchez dans un mauvais lit, on vous couche sur un registre avec toutes vos qualités.

Si vous avez eu le malheur de perdre votre père ; vous n'avez pas eu le temps d'essuyer vos larmes, que l'on vous présente le mémoire des frais funéraires : tant pour le cercueil, tant pour le luminaire, tant pour le drap mortuaire, tant pour les droits du curé, tant pour sa présence, tant pour celle du vicaire, tant pour le sacriste, tant pour le porte-croix, tant pour les porte-biard, tant pour le fossoyeur.

On vient d'établir à Alençon deux écoles primaires pour la lecture, l'écriture et le calcul ; l'une des Frères des écoles chrétiennes ; l'autre de l'enseignement mutuel.

En 1679, Jean-Baptiste de la Salle, chanoine de Rheims, fonda les écoles chrétiennes. En 1705, le fondateur, premier général des Frères, s'établit à Rouen, dans la maison S.t-Yon, où il est mort en 1719. Et, en 1725, le pape approuva leurs constitutions.

M. le François, curé d'Alençon, appela des Frères des écoles chrétiennes, qui furent installés le 1.er juillet 1806. Ces modestes enfans de M. de la Salle remplissent avec exactitude, et sans gloire, des fonctions pénibles, dont la religion seule peut les dédommager.

Le 20 avril 1819, on a ouvert l'école d'enseignement mutuel, d'après la méthode de LANCASTER, qui paraît être de toutes les méthodes d'enseignement la plus expéditive.

Il n'est point étonnant que les Anglais vous apprennent à lire. Ce sont eux qui ont fondé chez vous la religion chrétienne, l'université de Caen en 1431, et la dévotion du scapulaire ; qui vous ont donné le système de la nature, la manufacture de basins, le métier à faire des bas ; qui ont bâti vos moulins, et agrandi votre champ de foire ; qui préservent vos têtes de la foudre, et vos enfans des ravages de la petite vérole ; qui ont nourri vos prêtres, et nourrissent encore ceux qui n'ont pas voulu quitter cette terre hospitalière ; qui ont donné asile à vos princes, qui n'avaient pas où reposer la tête, et vous ont rendu votre roi légitime ; qui tiennent le despotisme enchaîné sur les rochers de S.te-Hélène, et brisent les fers des noirs sur la côte occidentale de l'Afrique, et ceux des blancs sur la côte orientale ; qui s'écouent, avec le trident de Neptune, l'arche de Noé, et lui présentent la branche d'olivier au bec d'une colombe ; qui ne veulent pas fléchir le genou devant le grand monarque de la Chine ; et, dans leur île, se courbent sous l'autorité des lois, à l'aspect de l'huissier qui leur présente la VERGE NOIRE.

BIBLIOTHÈQUE.

Les anciens écrivaient sur la porte de leurs bibliothèques : TRÉSOR DES REMÈDES DES PEINES DE L'AME. On a très-bien fait de ne point écrire cette sentence sur la porte de la bibliothèque d'Alençon. Les pauvres âmes seraient long-temps malades, avant de pouvoir être soulagées.

Vous pouvez, tous les jours, dès l'aurore, caresser les Muses, lire dans le grand livre de la nature, le meilleur et le plus instructif ; mais vous ne pouvez les visiter dans leur temple, que deux jours la semaine, mardi et jeudi, deux heures après midi, hiver et été.

Autrefois, un étranger, qui lisait sur la façade *sud*, BIBLIOTHÈQUE PUBLIQUE, avait besoin d'un guide pour le conduire à la façade *nord*, où était l'entrée.

Il fallait descendre la rue du Collége, enfiler une longue ruelle, entrer dans le collége, parcourir la diagonale de la grande cour carrée ; dans l'angle, ouvrir une porte, suivre un corridor, parcourir un des côtés d'une autre cour, suivre un autre corridor, monter un escalier, et enfin se recommander au DIEU qui porte les clefs.

Aujourd'hui, la voie est beaucoup plus courte. Il suffit de monter un escalier pratiqué dans le mur ;

c'est l'ÉCHELLE DE JACOB , qui conduit au ciel ; pour y
monter, il ne faut pas occuper plus de place qu'un ange.

En entrant , vous foulez le beau parquet à feuilles
de fougère , et vous vous arrêtez à contempler les
magnifiques armoires qui renfermaient les livres du
Valdieu , ouvrage du dernier prieur , né à Mathieu,
près Caen , dans la maison de Jean Marot , où il
avait puisé l'amour des belles-lettres.

Le bibliophile laisse l'amateur des arts admirer long-
temps la richesse de la sculpture , le fini du travail des
armoires , pour s'occuper des livres qu'elles renferment.

La collection est composée d'environ 18,000 volumes , parmi lesquels il y a plusieurs longs et en-
nuyeux commentaires sur différens sujets , dignes
enfans du loisir des moines , qui écrivaient par pénitence , et qui ne ménagaient ni leur temps, ni
celui de leurs lecteurs. Au reste , on y trouve de
tout , depuis les lignes du géomètre jusqu'à celles
du chiromancien.

En commençant par les grammairiens , vous trou-
verez toutes les grammaires grecques et latines des
Jésuites , dans lesquelles vous ne profiterez pas beaucoup. Lisez seulement avec attention LA FORMATION
MÉCANIQUE DES LANGUES , par Charles des Brosses. Si
vous ouvrez le DICTIONNAIRE DE MÉNAGE , ne cher-
chez pas l'étymologie d'OMELETTE (AMULETTA , petite
âme); vous seriez dégoûté pour toujours de l'amour
des étymologies.

Si vous êtes versé dans les langues hébraïques ,
syriaques et arabiques , tâchez de soulever les GRANDS
IN FOLIO de la POLYGLOTTE de Le Jay ; ils sont aussi
aisés à remuer que le Graduel de Notre-Dame.

Si vous voulez vous enfoncer dans les antiquités, vous avez Pausanias, Montfaucon, Pétau, Mabillon et Court-de-Gébelin.

Vous pourriez vous perdre dans le labyrinthe de l'histoire ; demandez seulement à voir le précieux manuscrit d'Ordéric Vital, le père de l'histoire de Normandie, comme Grégoire de Tours est le père de l'histoire de France.

Si vous voulez vous distraire de vos sublimes contemplations, jetez un regard sur les costumes des anciennes cours de France ; c'est un recueil extrêmement curieux et récréatif.

Ce serait faire injure de demander si l'on aime la botanique. Le goût pour les fleurs est le premier et le plus universel. L'enfant cueille des pâquerettes sur les promenades ; et le jeune homme, des narcisses dans la noë de Gênes ; la jeune fille réunit l'empire de Flore sur sa fenêtre, et la dévote fait fleurir la jonquille et la jacinthe sur sa cheminée. Ne touchez pas à la phytologie de Joli Clerc ; rien n'est animé ; les plantes y sont desséchées comme dans un herbier ; mais parcourez une collection charmante de plantes enluminées, c'est vous promener délicieusement dans le plus agréable parterre.

Le plus beau morceau de la bibliothèque, c'est la description de l'Egypte, non pas de l'Egypte moderne, mais de l'antique Egypte. Ne soyez point choqué de voir la tête d'un chien sur le corps d'un homme ; c'est l'emblème de Sirius, qui, par son lever, avertit, et annonce le débordement du Nil. Ces prétendus monstres sont les lettres de l'ancienne écriture hiéroglyphique et sacrée des prêtres égyptiens, les plus savans des hommes, que les philosophes grecs Pythagore et Platon allaient consulter comme des oracles.

La magnifique Description de l'Egypte est l'unique fruit d'une expédition malheureuse, qui puisse nous consoler d'Aboukir, de Jaffa et de la mort de Kleber.

Depuis plusieurs années, on est occupé à déchirer les vieux livres de la bibliothèque, que l'on a vendus sub corona. L'apothicaire en enveloppe ses drogues, l'épicier son poivre, le jardinier ses graines, et la regrattière son beurre.

Comme un antiquaire préfère une vieille hache de silex à la plus belle hache des taillandiers, et une vieille médaille de l'empereur Antonin à une pièce de monnaie de la république, un lecteur original préfère la Vie dévote au père Berruyer ; un conte de la reine de Navarre, duchesse d'Alençon, aux romans d'Auguste Lafontaine ; Jean Marot aux auteurs du Grand siècle ; la vénerie de Jacques du Fouilloux aux Trophées et victoires ; les Ruses pour attraper les oisillons, aux fusées a la congrève ; et les risibles droits d'un vieux châtelain, aux nivellemens de la philosophie.

On a sauvé des mains de la beurrière un Antoine de Dominis, 3 vol. in-folio, ouvrage d'autant plus rare, qu'il n'a eu que deux éditions, et qu'une partie des exemplaires de la première a servi à brûler le corps de l'auteur.

Vous ne sortirez pas de la bibliothèque sans entrer dans les deux petits cabinets, non pas pour voir quelques tableaux assez insignifians, mais pour verser

quelques larmes sur le portrait de JEAN LE NOIR,
théologal de Seès, né à Alençon en 1622, condamné aux galères, pour ses opinions, en 1684;
et, par adoucissement, envoyé POURRIR dans les
prisons de Nantes, où il est mort en 1692. Vous
ne pourrez vous empêcher de sourire en voyant à
côté le portrait du bouffon, cordelier, bénédictin,
chanoine, médecin de Montpellier, curé de Meudon,
RABELAIS, qui ne ressemble nullement à trois autres
portraits tirés de différens cabinets, et gravés par
le fameux Picart. Le vrai portrait de Rabelais est
dans ses JOYEUSETÉS.

.Un perron, soutenu sur quatre colonnes, entouré
de balustrades, avec un escalier à double rampe,
formerait en même temps un portique pour la chapelle, et une entrée digne de la bibliothèque.

LE MATIN.

Dès l'aurore, la cloche argentine appelle les dévotes,
qui quelquefois sont arrivées avant l'ouverture de
l'église.

Le cabaretier est debout et attend ses pratiques,
les portefaix, les déchargeurs, les voituriers, les
postillons qui vont en course ou qui en arrivent; il
faut qu'on se lève de bon matin pour boire de
l'eau-de-vie: il est constaté que, dans le mois de novembre 1820, il s'est bu 30,000 litres à Alençon
et dans les villages voisins.

Le débitant de tabac est à sa boutique, pour
approvisionner les ouvriers qui vont en journée;
et la regrattière est levée pour vendre deux petits

fagots de 5 centimes , qui serviront à faire cuire le bouilli , les entrées et le rôti du pauvre homme.

On entend le boulanger dans sa boutique , et le fendeur de bois dans la rue , entonnant de concert l'harmonieux AHAN , qui contribue merveilleusement à la manipulation du pain mollet , et à la déchirure des fibres croisées de la tête noueuse et compacte de l'ormeau.

Tout est en agitation dans les faubourgs Saint-Blaise , Casault et Montsort. Le valet d'écurie ne s'est pas couché ; les chevaux ont mangé l'avoine ; il les attelle pendant que les rouliers boivent tranquillement le petit verre , pour chasser le brouillard.

Les fléaux retentissent dans la grange , les marteaux sur l'enclume. Le maréchal ferre le cheval du voyageur pressé, charge l'essieu, ou cercle une roue. Le charron enfonce, à coups de masse, les rayes dans le moyeu. Le fermier fait claquer son fouet , et part pour les champs, suivi de l'agile semeuse , qui porte sa nappe en bandoulière.

Le couvreur , qui a déjà ramassé dans son OISEAU les crottes encore fumantes , pour donner de la liaison à son mortier, dresse son échelle, monte sur le toit, se met à CALIFOURCHON sur le faîte , pour contempler à loisir les passans , les maçons , les charpentiers qui viennent de la campagne ; la laitière , qui a déjà fait sa longue prière , tiré les vaches , pris sa belle coiffe, ajusté le fichu frangé, et qui arrive , ses deux BIES suspendues à ses deux bras, donne, en passant, un DEMION de lait à la pauvre femme, descendue du troisième étage ; frappe à coups redoublés à la porte du riche : c'est en vain ; les servantes ne l'entendent pas.

Morphée continue de secouer ses assoupissans pavots dans les rues de Bretagne, du Jeudi, à la porte de Seès et dans la Grande-Rue. Tout le monde dort profondément, la douairière, le rentier, le marchand, le célibataire, la courtisane et les commissaires. On aperçoit seulement les servantes des vieilles filles, qui viennent d'éprouver la mauvaise humeur de leurs grondeuses maîtresses, et qui s'essuient les yeux.

Cependant le jour s'avance, la brillante noce sort de N.-D., et le deuil entre. La sage-femme, qui porte l'enfant au baptême, est arrêtée par les bedeaux, qui portent le vieillard au cimetière.

La bonne conduit à la main, à la Providence, la petite fille qui pleure. Les jeunes garçons s'acheminent tristement vers l'école des Frères. Les boutiques s'ouvrent avec fracas.

L'orfévre étale ses bijoux; et le boisier à côté ses cuillers de bois et ses moules de bouton.

L'épicier grille l'odorant café, pendant que le ferblantier, qui soude, empoisonne avec sa résine.

Le pharmacien, en pilant ses drogues, fait retentir mélodieusement le pilon dans le mortier, pendant que le menuisier, qui lime les dents de sa scie, déchire vos oreilles.

Le matelassier bat mollement la laine avec de minces baguettes, pendant que le chaudronnier, armé de pesans marteaux, frappe à coups redoublés l'airain résonnant.

Le portefaix, ses cordons en écharpe, prend poste aux carrefours, pour attendre les fardeaux; et le jeune homme désœuvré entre, en baillant, au café, pour commencer sa pénible journée.

N'allez pas philosopher dans les rues ; marchez toujours avec précaution, veillez sur la chaussée et sur les revers ; en voulant éviter la longue fourche des déchargeurs, vous pourriez bien rencontrer la pelle du BOUEUR, qui verserait l'ordure dans vos poches.

LE SOIR.

Les belles soirées d'été, ni même les brillans clairs de lune, ne sont point l'objet de nos pinceaux toujours un peu sombres, rembrunis, et qui s'accommodent mieux des longues soirées d'hiver.

Lorsque l'astre du jour, parcourant les signes austraux, arrive au capricorne, à 4 heures, le soleil se cache sous l'horizon ; si Diane, quittant à regret la couche d'Endymion, se leve plus tard, la nuit alors, seule maîtresse du ciel, étale un dés plis de sa robe sur Alençon ; on allume les réverbères, pour remplacer les rayons argentés de la lune paresseuse.

Les fléaux cessent de retentir dans le haut des faubourgs Lencrel, Saint-Blaise et Casault. La solitude redouble dans les rues de Bretagne et du Jeudi ; le plus profond silence y règne : tout est fermé.

Les paisibles familles de ces quartiers silencieux jouissent des douceurs de la société, et, pour charmer les longues soirées, n'ont pas besoin de littérature étrangère ; la littérature alençonnaise suffit.

Pendant que la bonne endort les enfans avec des CONTES DE FÉES, la maman peut s'édifier dans les sermons du père LA RUE, écrits au collége, et débités à N.-D. ; et dans les sermons nouveaux par le bénédictin DURAND, de Montsort. La jeune dame et son mari, s'ils ont besoin de pleurer pour être heureux, peuvent verser quelques larmes sur l'infortuné GIROYE, cruellement mutilé dans le château par Guillaume Talvas II, et sur JACQUES LE GRIS, traitreusement immolé par la noire jalousie de Jean de Carrouges; s'ils veulent s'égayer, ils peuvent lire quelques CONTES DE la REINE DE NAVARRE, duchesse d'Alençon, sur les aventures galantes de la ville, ou bien LES PINCETTES et LE MESSAGER DU MANS, par le père DU CERCEAU.

Lorsque tout est si calme·dans les rues de Bretagne et du Jeudi, qui ne sont éclairées que par des réverbères, quelquefois bien pâles, l'agitation redouble dans la Grande-Rue et aux Etaux; l'intérêt et le plaisir mettent tout en mouvement; les boutiques sont en feu.

La jeune fille dévote court aux églises de Notre-Dame et de S.t-Léonard, pour faire sa prière du soir; et le jeune homme, qui a achevé son cours religieux, en faisant sa première communion, va faire sa partie de billard.

On lit les gazettes, on politique tristement dans le café; et, dans·le cabaret à côté, la troupe joyeuse entonne des chansons bachiques.

Les femmes affluent dans la boutique du pharmacien. La tendre fille demande, en pleurant, un sirop pour soutenir les forces défaillantes de son père; la servante, moins sensible, demande, en riant, des tablettes de vie pour conserver les précieux jours d'un vieux célibataire; une autre plaisante avec le garçon qui prépare, en jasant, la médecine qui doit prolonger l'existence d'une ennuyeuse douairière.

Vis-à-vis, dans une boutique éclatante de modes, les femmes de chambre attendent avec impatience que les élégantes modeuses aient attaché les rubans du dernier goût sur les bonnets de leurs brillantes maîtresses.

Les ouvriers, à la porte de la boutique, s'amusent à contrôler les passans. Le pâle tisserand sort de son souterrain pour prendre l'air. Les couturières, ravaudeuses, tricoteuses, vélineuses, brodeuses et fileuses descendent de leurs galetas, pour faire leurs provisions VESPERTINES.

La friande couturière achète pour un décime de pâté; la vélineuse se contente d'une petite tranche de fromage; deux camarades, fileuses, occupant la même chambre, jouissant en société d'une cheminée, emportent une tête de chou vert et deux petits fagots de 5 centimes, pour faire la soupe en communauté.

A six heures, les flots s'écoulent, comme si un Dieu avait dit à la mer de se calmer; les lumières commencent à pâlir, quelques boutiques même à se fermer.

A sept heures, il n'y a personne dans les rues. On ne voit plus que quelques jeunes gens, sans état, sans métier, qui laissent leurs parens dans l'affliction, pour courir les périlleuses aventures; et quelques femmes, qui, ne sachant manier ni l'aiguille ni le fuseau, livrent tous les moyens de leur existence aux hasards de quelque heureuse rencontre.

La police alors surveille avec plus d'attention.

LES INCONVÉNIENS.

Les mouches à miel ont besoin de vivre en société ;
trois individus, de nature différente, sont nécessaires
pour la propagation de l'espèce : les ouvrières, qui
construisent les cellules et les approvisionnent ; les
femelles, en petit nombre, qui déposent les œufs ;
et les bourdons, qui les fécondent ; si elles n'étaient
pas réunies en grand nombre dans la saison de l'hiver,
quelquefois rigoureuse, elles périraient toutes.

Les oiseaux ont aussi besoin de vivre en société.
La coopération de deux individus est nécessaire pour
la structure du nid, l'incubation et l'éducation des
petits. Les différentes familles se réunissent en troupes
pendant l'hiver, pour en imposer à leurs ennemis.
L'épervier n'attaque guère les pigeons qui volent en
colonnes serrées ; il s'adresse de préférence aux pigeons isolés, aux traîneurs.

L'homme n'est ni un insecte ni un oiseau. Sa nature
le rapproche du genre des quadrupèdes, et il n'est
point fait pour vivre en fourmillière.

On dit que l'ambitieux Nembrod est le premier
fondateur des villes. Les sauvages, plus près de la
nature que nous, n'en ont point bâti.

Autrefois, les seigneurs habitaient sur les montagnes, les cultivateurs dans les plaines, les moines
dans les déserts, et les artisans, qui n'étaient que
des esclaves, dans les villes.

Les Diablintes, vos ancêtres, demeuraient dans
les bois, faisaient leurs cérémonies religieuses dans
les bois.

Les ducs de Normandie abandonnèrent leur château de Rouen pour éviter le tapage des ouvriers
de la ville ; et les comtes d'Alençon avaient réuni,
dans un parc immense, la paix et la solitude de
la campagne.

Les inconvéniens de l'habitation de la ville sont
incalculables.

Si votre voisin met le feu à sa maison, la vôtre
est incendiée ; s'il est attaqué d'une fièvre contagieuse,
vous mourez quelquefois avant lui.

Si vous échappez à la contagion, vous périssez
en détail ; vos sens s'émoussent journellement, et
perdent leurs forces et leur activité par la multi-
plicité et l'action constante des objets qui les frappent.

Vos yeux, qui seraient récréés par la verdure,
sont fatigués, usés par les objets blancs et lumineux
qui les irritent.

Tous les métaux brillans, les boutiques d'orfévre,
de chaudronnier, de ferblantier ; vos diamans d'A-
lençon, le MICA de vos sables ; votre vaisselle vernie,
vos cristaux, vos toiles blanchies, vos basins, les
surplis des lévites, les bonnets des femmes, les rideaux de vos fenêtres, vos boutiques illuminées,
les feux d'artifice, la fournaise du maréchal, votre
foyer brûlant, vos grosses chandelles, affaiblissent
votre vue ; et, sans vous en apercevoir, vous devenez
aveugle, comme un Groënlandais au milieu de
ses neiges.

Vous pouvez éviter le contact des objets qui of-
fensent les yeux ; il est presque impossible d'éviter
les sons qui déchirent les oreilles.

Vous aviez choisi un quartier fort tranquille, vous

n'aviez pour voisins que des artisans pacifiques ; un tailleur, un cordonnier, un perruquier. Aujourd'hui, un chaudronnier, un ferblantier, un menuisier, un relieur de tonneaux les remplacent ; un tisserand, un basiniste travaillent à vos côtés ; la châsse sourde de l'un, la navette retentissante de l'autre, ne vous laissent pas un moment de repos. Si vous parvenez à vous endormir, vous êtes bientôt réveillé par les voitures qui ébranlent les murailles de votre maison ; vous risquez de devenir sourd, comme un habitant des bords du NIAGARA.

Si, comme S.t ARSÈNE, vous désirez vous mortifier par la respiration des mauvaises odeurs, l'occasion est belle. Dès le matin, suivez à la trace les VIDANGEURS, dont l'odorant parfum n'est pas encore dissipé. Passez devant la porte des tanneurs, mégissiers, brasseurs et fondeurs de suif pourri ; suivez une belle rue, une potée de vieille urine, jetée du troisième, tombe autour de vous, en brouillard épais et fétide ; fort heureux si des pots à fleurs, mal assujettis, ne dégringolent pas en même temps sur votre tête.

Le jour de la FÊTE-DIEU, le pauvre homme, fort aise que le S.t-SACREMENT passe devant sa porte, jonche la rue des plus belles fleurs de la prairie ; mais, comme il n'a que quatre draps, dont deux sont partis pour le Frou, et les deux autres sont dans son lit, il lui est absolument impossible de pouvoir tendre le devant de sa maison. Je le plains beaucoup ; quoiqu'il soit justifié aux yeux de Dieu, il ne l'est pas aux yeux de la police.

Lorsqu'il commence à dégeler, le pavé n'offrant

plus qu'un miroir convexe, sur lequel les mouches
mêmes ne pourraient pas se soutenir, il faut autrement joncher les rues. On n'est pas embarrassé dans
les faubourgs ; on sème de la paille, on jette des
crottes de cheval.

Dans le centre de la ville, on est obligé de balayer
les boutiques.

Le boulanger répand de vieilles farines et des
GRATTURES de mai; le maréchal, de la poudre de
charbon et du mâchefer, un peu rude sous les pieds.

Le bourrelier étale la bourre d'un vieux collier ;
et le filassier, des chénevottes en poussière, et des
débris de chanvre ; tout cela est un peu plus doux.

Le cordonnier tapisse sa porte de rognures de
cuir ; et le tailleur, de rognures d'étoffes.

Le perruquier jette dans la rue, pour être foulée
aux pieds, la chevelure de BÉRÉNICE, qu'il devrait
mettre dans les cieux; et l'apothicaire, les oracles
d'Epidaure, les ordonnances du médecin.

Le pauvre homme tire la paille de son lit pour
fournir son petit tribut; et la pauvre femme, qui
n'a rien autre chose, verse la cendre de sa potine
sur le pavé.

Vous pouvez laisser votre chambre sans balayer,
tant qu'il vous plaira ; mais ne manquez jamais de
balayer le devant de votre porte, même après une
averse, lorsque le pavé est très-propre, dussiez-vous
le salir, en le couvrant de la boue déposée dans
les jointures.

Vous pouvez porter votre habit troué, percé au
coude et aux épaules; mais veillez exactement sur
votre CAVEREAU, exposé à bien des AVARIES; et,
s'il s'y forme un petit trou, bouchez-le promptement.

Si vous avez fait sortir de votre cave une pipe vide, qui vous gênait, et si le voiturier qui devait l'emporter vous manque de parole, ne la laissez pas au coin de votre porte, entrez-la dans votre salle; montez-la dans votre chambre.

On vous a donné un HORTENSIA dans un pot; l'eussiez-vous attaché sur votre fenêtre avec une chaîne de fer, il faut une planche en saillie, beaucoup moins solide et plus dangereuse.

Si vous vendez, sur la place du marché, les légumes de votre jardin, ne posez pas votre panier, soutenez-le à votre bras.

Vous avez ressenti, en vous couchant, un accès de fièvre qui a fait fermenter vos idées, les a mises en désordre; un peu de repos aurait pu les calmer; mais le maréchal, votre voisin, a précisément choisi ce soir-là pour recharger plusieurs essieux; c'est une fête à double carillon; les marteaux ont retenti une partie de la nuit sur votre pauvre cerveau, Morphée s'est sauvé bien loin. Vous comptiez sur son retour le matin; mais les pesantes roues à la MALBROUGT, qui ébranlent les murs de la maison, et font trembler votre couchette, l'ont fait fuir encore plus loin.

En sortant, à midi, vous recommandez à votre servante de ne laisser entrer personne. Je vous recommande aussi, pour ne pas avoir une journée aussi malencontreuse que la nuit, d'éviter, autant qu'il vous sera possible, la dangereuse porte de Lencrel, souvent obstruée; vous pourriez bien, en y passant, recevoir une violente TAPE de la longue poutre branlante sur la voiture, qui tourne brusquement dans la rue du Collége.

Si c'est un jeudi, jour de halle, je vous engage
à ne pas passer dans la rue de Sarthe, encore moins
dans la rue aux Cieux. Les monceaux de bois, les
pipes que l'on décharge, les chevaux des blatiers
que l'on conduit à l'auberge, l'étalage des fripiers,
interdisent tout accès à un honnête piéton.

En rentrant, le malheureux citadin, malgré l'ordre
donné, trouve chez lui deux soldats de la vieille
armée, à mine RÉBARBATIVE, qui occupent sa place
d'habitude; il demande du feu dans un cagnard,
et se retire dans son cabinet pour lire le S.!-
HOMME JOB.

Quand le bourgeois fait ses petites provisions d'hiver,
il faut payer le prix du bois, cela est naturel; le
sabotier de Perseigne n'en fait pas moins; mais il
faut y ajouter la voiture, le vin du garçon, les
droits d'entrée, qui ne sont point excessifs.

Il n'en est pas de même des droits sur les boissons.
Quand vous aurez payé votre pipe de cidre et le
voiturier, mettez dans votre poche autant d'argent
pour payer tous les droits....; vous n'en rapporte-
rez guère.

Si vous payez, au moins vous jouissez; mais le
malheureux célibataire ignorant, qui paie les pro-
fesseurs de grec et de latin, ne jouit de rien.

Si vous ne faites aucun commerce, si vous ne
possédez aucune place lucrative, si vous n'avez pour
vivre que le TIERS CONSOLIDÉ d'une petite rente
perpétuelle, ou le TIERS CONSOLIDÉ d'une petite rente
viagère, ou le TIERS CONSOLIDÉ d'une petite pension,
allez visiter vos dieux Pénates, mourir dans le sein
de votre famille, procurer un petit luminaire au

pauvre desservant de la succursale, reposer dans un ANCIEN cimetière, au milieu de vos parens et amis.

AVANTAGES.

Si une grande fortune vous met au-dessus des petits calculs économiques ; si un honnête revenu, les profits du commerce, peuvent parvenir à se niveler avec vos dépenses et les exigences de l'octroi, restez en ville ; vous y trouvez des jouissances plus vives, et de plus grandes distractions à toutes vos peines.

Vous avez le magistrat suprême, qui distribue à ses administrés toute la somme de bonheur dont il peut disposer ; répare les torts du Ciel même ; les ravages des eaux, qui inondent les prairies ; de la grêle, qui dévaste les champs ; de la contagion, qui vide les maisons et les étables ; du feu, qui les dévore ; et vos magistrats particuliers, qui répondent à toutes les demandes, quelquefois fondées, quelquefois importunes, et qui, paraissant ne faire attention à rien, pénètrent dans tous les ménages.

Vous avez des juges intègres, qui tiennent d'une main l'épée suspendue sur la tête du méchant, et de l'autre le bouclier qui protége l'innocence ; qui poursuivent la chicane dans son labyrinthe, et débrouillent des questions de droit, bien abstruses, malgré la clarté des Codes.

Vous avez les gendarmes, qui font pâlir le crime effronté ; et le commissaire, qui pénètre le filou, le devine, le suit dans son dédale ténébreux, et le prend quelquefois dans son propre piége.

Vous n'avez point de salle de spectacle ; vous ne

pouvez entendre ni Talma ni Potier, jouir d'aucune représentation théâtrale ; mais à la place des copies, quelquefois imparfaites, vous pourriez bien avoir les originaux : le Tartuffe, le Misanthrope, l'Avare, le Dissipateur, le Tyran domestique, le Méchant, l'Intrigant, le Bourru, le Complaisant, le Vieux Célibataire et la Servante Maîtresse.

Les communications d'Alençon avec tous les points du globe sont actives. La jardinière vend les légumes de la Barre à la porte de la boutique où l'on vend les épiceries de l'Orient.

Vous avez la marchande de modes, DE PARIS ; le tailleur, DE PARIS ; et le bottier, DE PARIS, en échange de vos sabots A LA CLAQUE.

La tour d'Alençon, que l'on appelait TURREM ALENCIONEAM, et la tour de Londres, élevées par les ANGLO-NORMANDS, correspondaient ensemble ; en 1448, les Anglais ont enlevé les archives de la tour d'Alençon, et les ont déposées dans la tour de Londres. Vous avez démoli votre belle tour, malgré la défense de Henri IV ; il n'y a plus de correspondance ; mais, par une certaine sympathie de famille, vous négligez dans les gazettes les articles de Francfort, et vous dévorez, tous les jours, les articles de Londres.

Les correspondances sont si faciles. Pour cinq centimes par jour, vous vous promenez en Amérique ; vous voyez la DISCORDE, coiffée de serpens, établie à BUÉNOS-AYRES ; et la PAIX, tenant à la main une gerbe d'épis, régner à WASHINGSTON.

Vous pouvez contempler, en Angleterre, la réunion de tous les contrastes ; les flots de la mer en furie se briser sur le rivage ; le peuple, parfois à genoux devant un simple officier de police, et parfois démolissant impunément les maisons ; le prince, le plus impérieux chez les autres, et le plus modeste chez lui ; le gouvernement le plus riche et le plus endetté ; les ministres, qui commandent dans les cabinets de l'Europe, traînés dans les boues ; la chambre la plus aristocratique, souvent la plus populaire ; l'opposition.... mettre quelquefois en problème les vérités mathématiques.

Vous pouvez traverser l'Allemagne ; voir des moines posséder des régimens, et avoir des gardes-du-corps ; les seigneurs les plus despotes donner des leçons de philantropie ; les grandes puissances, qui ne communiquaient que par leurs envoyés, se donner la main, et discuter les intérêts de l'Europe, comme des frères discutent les intérêts de la famille.

En passant sur les bords du Gange, vous voyez une compagnie de marchands anglais solder une armée, et faire trembler l'empereur du Mogol.

Dans l'Inde, vous admirez des hôpitaux fondés pour les chiens ; et à Constantinople, vous pouvez compter les têtes humaines, qui font l'ornement de la porte du sérail.

En jetant les yeux sur la côte orientale de l'Afrique, vous voyez avec étonnement de petites républiques de barbares imposer des tributs aux plus puissantes monarchies de l'Europe.

En parcourant l'Egypte et la Grèce, vous voyez les Français et les Anglais qui, après y avoir pris leurs lois de police, en enlèvent aujourd'hui les pierres.

La distraction des gazettes est peut-être nécessaire à quelques imaginations ardentes ; les artisans et les ouvriers n'en n'ont pas besoin pour jouir de la petite portion de bonheur attachée à leur pénible existence.

Les pauvres esclaves qui portent vos fardeaux, fendent vos bûches, montent le bois dans vos greniers, descendent dans vos caves des pipes quelquefois verglacées, sont exposés à de fortes contusions ou à des SOLUTIONS DE CONTINUITÉ bien cruelles ; mais ils trouvent dans tous les quartiers de belles dames, qui ont toujours sur leur toilette des compresses et de la charpie, et des vulnéraires dans leur RIDICULE.

Lorsque le malheureux a épuisé tous les principes de la vie, on le transporte souvent à l'hospice, où il reçoit tous les secours de la plus tendre humanité, et a le bonheur de rendre le dernier soupir, assisté d'une fille de Saint-Vincent de Paul, qui d'une main soutient sa tête affaiblie, et de l'autre lui montre l'éternité consolante.

Le bourgeois qui jouit de tous ses momens, peut les distribuer de manière à ne pas connaître l'ennui ; entendre quelques causes à la police municipale, quelques plaidoyers au tribunal de première instance, les débats de la cour d'assises, les discours clairs et précis du procureur du Roi, l'éloquent et impartial résumé du président.... SAUVAGE.

Les habitans d'Alençon peuvent réunir de grandes douceurs ; avec tout cela, ils ne parcourent point une très-longue carrière ; ils succombent presque tous, avant le temps, aux affections morales du cœur et du cerveau, ou bien à leur dévot attachement à la gastrolatrie ; il n'en est peut-être pas un seul qui parvienne à la décrépitude.

Si vous jouissez de quelque aisance, on aplanira les voies du passage redoutable. Dès le commencement de la maladie, vous recevrez la visite de votre héritier. Les médecins vous environnent, et ne cessent de crayonner des ordonnances. Toute la pharmacie est à votre service, occupée à chercher votre guérison dans les végétaux, dans les minéraux, jusque dans les matières fécales. On vous abreuvera D'ETHER et D'OR POTABLE. Une garde, BANALE et sensible, sera toujours à vos côtés ; prendra, sans répugnance, le reste de votre bouillon ; achevera votre rôtie au vin ; et, pour charmer votre mal, vous comptera ses merveilleux succès dans l'art D'ENSE-VELISSEUSE, et sur-tout dans la coupe économique de votre DRAP MORT....., de votre SUAIRE, dont elle ménagera un LÉ.

COMMERCE.

On fait commerce de tout dans la ville. On vend la boue des rues, la cendre du foyer, la suie de la cheminée, ET LES MATIÈRES FÉCALES, PAR ADJU-DICATION. Le paysan vend la fleur tubuleuse de la primevère, la feuille amère du pissenlit, le fade mauret, la fraise odorante, et la tige de bruyère à grelots. Le domestique vend ses sueurs, la servante sa liberté, la pauvre fille ses cheveux, la garde malade son sommeil, et le remplaçant sa vie. Les Anglais vendent quelquefois leurs femmes pour le prix du licou ; et on dit que les moines vendaient le ciel pour quelques arpens de terre.

On étale quelquefois sur les boutiques le grossier canevas, pendant que M. Mercier expose au Louvre de superbes dentelles , et M. Clerambault la magnifique mousseline de la nouvelle fabrique.

Le commerce d'Alençon n'était pas très-brillant du temps de ses seigneurs qui , bien loin d'attirer les commerçans dans leurs terres , les rançonnaient lorsqu'ils y passaient.

Les cruels Talvas , et sur-tout Robert , dit le Diable , ne s'occupant qu'à élever des forts et à faire la guerre , n'employaient que des maçons et des soldats.

Pierre II et le bon René , plus pacifiques , protégeaient spécialement les moines , rendaient quelques services à leurs vassaux , entretenaient un grand nombre de valets , et occupaient quelques bras à faire des habits de livrée et à tracer des armoiries. Marguerite de Lorraine , épouse de René , morte en odeur de sainteté , répandait ses bienfaits sur les Filles S.te-Claire , et n'employait que des mains pieuses à broder les chapes de Saint-Léonard , et à décorer quelques reliquaires.

Un fabricant, qui emploie trois ou quatre cents ouvriers, est aux yeux du sage un être aussi intéressant qu'un vieux châtelain.

On dit que le commerce d'Alençon était beaucoup plus considérable avant la révocation de l'édit de Nantes, qu'il ne l'est aujourd'hui. J'ai bien de la peine à le croire. On ne fabrique plus , il est vrai, ni draps ni étamines ; mais on fabrique des dentelles, des basins , des calicots et des mousselines, que l'on ne fabriquait point autrefois.

M. Mercier , qui vient d'acheter de M. Richard la belle manufacture de Montsort, emploie deux à trois cents ouvriers à fabriquer des basins et des calicots. MM. Venot et Hulot ont aussi un certain nombre de métiers à la ville et à la campagne.

. L'établissement de la fabrique de mousselines est très-nouveau, et fait journellement de rapides progrès.

M. Beaumé fils a introduit à Alençon cette nouvelle branche de commerce ; en voyageant pour se perfectionner dans l'art de tisser, ce jeune homme, passant par Tarare, travailla dans des fabriques de mousselines ; plein de goût et d'intelligence, il suivit avec attention les différens apprêts, et parvint à saisir tous les procédés de l'art.

De retour à Alençon, M. Beaumé fit quelques pièces de mousselines, qui furent trouvées de très-bonne qualité. Alors MM. Clerambault et Le Coq, négocians, se sont déterminés à faire élever, à Montsort, un fort joli bâtiment, pour y établir une fabrique de mousselines, sous la direction du jeune Beaumé. Soixante-dix métiers sont en pleine activité. Celui qui aurait reçu des honneurs à Athènes mérite bien une petite mention dans ce supplément.

La plus ancienne, la plus considérable, la plus importante des fabriques d'Alençon, est celle des toiles de chanvre ; pour l'alimenter, il n'est pas besoin de traverser l'Atlantique, de doubler le cap des tempêtes. Les matières premières sont partout sous la main.

Une chenevière est aussi essentiellement attachée à la cabane campagnarde, qu'une planche de choux verts dans le jardin ; et le paysan est aussi soigneux de l'engraisser que de mettre du beurre dans son potage.

On sème le chenevis au commencement de mai ; c'est une fête. On récolte le mâle au mois d'août, et la femelle au mois de septembre.

Il est facile, par l'inspection de cette plante bien
commune, de se faire une idée bien claire de l'ingénieux système sexuel de LINNÉE. La nature à dís-
tribué les sexes sur deux individus; le mâle, qui porte
la poussière fécondante, après avoir rempli ses fonctions, se dessèche; la femelle, qui porte le fruit,
persévère jusqu'à la maturité de la graine.

On réunit les différentes tiges par paquets, on
les fait rouir pour en détacher l'écorce, seule partie
précieuse de la plante; on teille les tiges les plus
grosses, on broie les plus menues; puis on livre le
chanvre au filassier, qui le divise et l'adoucit.

Les hommes ont rempli leur tâche. Toutes les
femmes se livrent avec alégresse aux travaux qui
leur sont exclusivement confiés. La maîtresse de la
maison néglige son ménage, la servante ses vaches,
la petite fille sa poupée, pour prendre le rouet.

Dans tous les villages on se réunit pour la veillée;
on cause, on médit; on anime la conversation par
des contes de FÉES et de REVENANS, et par le récit
effrayant de nombreuses APPARITIONS, qui ne se
trouvent ni dans CALMET, ni dans LENGLET-DU-
FRESNOI; ce sont des scènes dramatiques. Il paraît
que partout, à la campagne et à la ville, les femmes
ont besoin de fortes émotions, qui réveillent vivement la conscience de l'existence, et abrègent d'autant la vie.

Après l'hiver, on fait plusieurs lessives pour blan-
chir le fil; puis on le livre aux ouvriers qui, pour
le tisser, passent tristement leur vie dans de sombres
souterrains; enfin on envoie les toiles aux blan-
chisseries, où elles reçoivent leur dernier apprêt.

Il se fabrique, année commune, à Alençon, 24,000 pièces de toiles, dont 10,000 2/3, 6000 5/8, 3000 canevas, 2000. 15/16, 2000 4/4, et 1000 13/16.

Il existe depuis long-temps aux environs d'Alençon une espèce de chevaux, connue sous le nom de RACE NORMANDE, dont il se fait un grand commerce à la foire de la Chandeleur.

Les Normands n'étant pas aussi industrieux que les Arabes pour la conservation et le perfectionnement des races, le gouvernement accorde plusieurs prix à ceux qui réussissent le mieux à nourrir et élever les plus beaux CHEVAUX.

Le 3 février 1820, M. le préfet a décerné, pour les chevaux entiers, le 1.er prix, de 900 fr., à M. NEVEU père, de Médavi; et le 2.e, de 600 fr., à M. DAUPLEY, d'Echauffour; et pour les jumens poulinières, le 1.er prix, de 900 fr., à M. Galliet, d'Aunou; et le 2.e prix, de 600 fr., à M. NEVEU fils, de Médavi.

Le 15 octobre 1820, les grandes courses ont eu lieu, au Champ-de-Mars, à Paris, entre les chevaux qui ont remporté les premiers prix dans les départemens.

M. Neveu père, qui a présenté son cheval, a remporté le prix royal de 6000 francs. Le plus redoutable des concurrens de M. Neveu a été son propre fils.

Le 2 février 1821, M. Neveu, de Médavi, a obtenu les deux premiers prix, l'un pour le plus beau cheval, et l'autre pour la plus belle jument.

Il manquait à Alençon un emplacement commode pour les courses et pour le marché aux chevaux.

Un seigneur de la vavassorie de Ménil-Haton fonda, en 1400, sur les limites de son huitième de fief, la chapelle S.t-Blaise, à laquelle on adossa dans la suite la chapelle Notre-Dame-de-Grâce et un calvaire; les quatre desservans de ces chapelles jouissaient d'un si mince revenu qu'ils mouraient de faim, et qu'on fut obligé de les réduire à deux.

On enterra long-temps les protestans dans un enclos dépendant de ces chapelles, pendant que les catholiques enterraient leurs morts dans l'intérieur de la ville; mais, en 1779, lorsqu'il fut défendu d'enterrer dans les villes, on établit le cimetière S.t-Blaise; et les romains furent forcés de reposer en paix auprès des réformés. Dans l'espace de 40 ans, le gouffre a englouti au moins une génération entière.

On vient de le fermer; on démolit les chapelles, on forme deux avenues, plantées de maronniers d'Inde, l'une sur la route de Paris, et l'autre sur celle de Seès; on nivelle le milieu pour y établir le marché aux chevaux; et le maquignon foulera sous ses pieds 13 à 14 mille têtes humaines, dont quelques-unes n'ont point encore dépouillé leur chevelure.

Sur cette terre sacrée, si souvent arrosée d'eau bénite et de larmes, on exposera le cheval Normand, un des plus beaux êtres de l'organisation mobile, que Dieu lui-même a si bien peint dans le livre de Job; plein de feu, FERVENS ET FREMENS; élevant fièrement sa crinière, EXULTAT AUDACTER; frappant la terre du pied, TERRAM UNGULA FODIT.

L'homme, enchevêtré lui-même, n'a pas manqué de caparaçonner le cheval à sa guise; le pauvre

animal, enchaîné dans un brancard, portant la selle
et le collier, est obligé de traîner seul la voiture,
le voiturier, les voyageurs et les malles, jusqu'à ce
qu'épuisé de fatigue et couvert de stigmates, il vienne
expirer sous les murs de la ville, servir de pâture
aux chiens et aux corbeaux, qui en font un squelette,
pour le perfectionnement de l'ostéologie vétérinaire.

A cette occasion, il n'est pas superflu de rappeler
aux Alençonnais une de ces anecdotes qui s'oublient
si facilement.

On voit encore à Naples les restes du plus magnifique cheval en bronze qui soit sorti des fonderies
grecques; il était sans frein, énergique emblème de
la liberté des anciens Napolitains. Dans le onzième
siècle, des Normands des environs de Coutances
passent en Italie, et brident le cheval; à la même
époque, des Normands d'Alençon passent en Angleterre, avec leur seigneur; imposent la tyrannique
loi du couvre feu, et élèvent la tour de Londres,
la bastille des Anglais.

Le commerce obscur du fripier ne laisse pas quelquefois de mener à la fortune. Les objets variés
d'une vendue sont bientôt dispersés dans les boutiques de l'adjudicataire exclusif et universel de la
rue aux Cieux. L'antique houppelande est suspendue à côté de l'élégant deshabillé. Tout est
rajeuni; les vieilles armoires sont vernies, les fiches
fourbies. Tout est métamorphosé; les vieilles vestes
sont devenues des gilets neufs, les vieilles culottes
des brodequins, et les lisières des chaussons.

Le dimanche matin, le timide campagnard et sa
modeste maîtresse, qui ont fui la messe paroissiale

pour ne pas entendre leurs bans, entrent en rou-
gissant dans la boutique du fripier pour acheter le
nouveau MÉNAGE. On marchande long-temps l'armoire
et le lit; le fripier débonnaire, qui gagne peut-être
la moitié, jure qu'il veut perdre quelque chose en
faveur du SAINT PROPOS DES FUTURS; on convient;
la fille honteuse produit tous les fruits de sa jeunesse,
toutes ses épargnes, qui ne suffisent pas; le garçon
fournit au reste, et ne réserve que l'ANNEAU, la
PIÈCE SACRÉE, et les honoraires du miséricordieux
desservant, inexorable sur ce point.

POPULATION.

Si l'on jugeait de la population d'Alençon par l'a-
grandissement de ses faubourgs et l'élévation de
ses nouvelles maisons, elle aurait beaucoup augmenté
depuis quelque temps.

Autrefois les maisons de la ville n'avaient qu'un
étage, et la plupart des maisons des faubourgs n'avaient
que le rez de chaussée; mais toute la famille logeait,
mangeait et couchait dans le même appartement,
comme les princes de la cour de Charles IX couchaient dans le même lit.

Les maisons aujourd'hui ont deux et trois étages;
mais les époux bourgeois veulent avoir chacun leur
appartement; les gens plus aisés veulent avoir cuisine,
office, salon à manger, salon de compagnie, anti-
chambres, chambres, cabinets, et un grand nombre
d'appartemens qui attendent des hôtes.

Le luxe des habitations est ordinairement suivi
du luxe de la table, qui n'est nullement favorable
à la population.

Autrefois, on servait du chevreau avec le bouilli à la table de Marguerite de Lorraine, duchesse d'Alençon; aujourd'hui, il n'y a plus que les pauvres qui mangent du chevreau; un bourgeois serait déshonoré s'il s'avisait seulement d'en marchander.

On ne connaît ni LESSIUS, ni CORNARO. Les boutiques de traiteurs, de charcutiers, de pâtissiers, se sont multipliées, et, par suite nécessaire, les boutiques de pharmacie.

On dit qu'à la révocation de l'édit de Nantes, la ville d'Alençon perdit le quart de ses habitans, qui sacrifièrent leur patrie à leur conscience; depuis ce temps, elle n'a pu réparer toutes ses pertes, et la population s'est toujours balancée entre 13 à 14,000 âmes.

Plusieurs bourgeois quittent la ville; les uns, pour respirer un meilleur air à la campagne; les autres, pour cultiver les champs, et manger les fruits de l'arbre qu'ils ont planté; les autres, pour ne pas recevoir chez eux des HÔTES, qu'ils n'ont pas priés; les autres, dégoûtés des frais de TRANSPORT, de PASSAVANT, de CENTIMES, de l'ENTRÉE et de l'OCTROI, pour boire leur cidre et brûler leur bois, qui ne leur coûtent rien; quelques-uns, pour épargner les frais coûteux de leur enterrement.

Ceux qui restent ne font pas une cour assidue au dieu de l'hyménée; les uns, parce qu'ils se sont voués au culte des chastes déesses; les autres, parce qu'ils sont charmés par la voix séduisante de sirènes enchanteresses; les autres, parce qu'ils voient le vestibule du temple encombré de marchandes de modes; les autres, parce qu'en mettant un pied sur le seuil , ils ont cru apercevoir , dans l'intérieur , les guirlandes de fleurs changées en LOURDES CHAÎNES , la noire Jalousie broyer ses POISONS , l'Hyménée éteindre le FLAMBEAU DE L'AMOUR , la Discorde allumer SES TORCHES , et les murailles couvertes de PROCÈS EN SÉPARATION.

Il est nécessaire , pour soutenir la population , que la campagne vienne au secours de la ville ; aussi n'y manque-t-elle pas ; garçons et filles accourent de tous les points environnans.

Les garçons s'empressent de se rendre en ville ; tout prêts à entrer dans une boutique, ou dans une antichambre ; à descendre dans une cave, ou à monter sur le faîte ; à servir les maçons, ou à servir à table ; à cultiver pacifiquement des carottes, ou à égorger cruellement des agneaux ; à enfoncer avec effort le rais dans le moyeu , ou à glisser légèrement l'aiguille dans le drap ; à faire des sabots À LA CLAQUE , ou des BOTTES de postillon.

Les filles du village accourent en plus grand nombre, et avec plus d'empressement ; toutes prêtes à servir une dévote , ou dans un cabaret ; à coudre du canevas , ou à broder de la mousseline ; à vendre des pommes de terre, ou de vieux galons ; à promener un enfant, ou à veiller au chevet d'un infirme. Quelquefois l'aveugle Fortune marche après ces honnêtes villageoises.

Une jeune fille , battue par sa marâtre , chassée de la maison , menacée de la colère d'un père qui n'a plus d'entrailles pour elle , après avoir versé un torrent de larmes sur la fosse de sa mère , se détermine SOUDAIN à s'éloigner pour toujours et à chercher en ville une misérable CONDITION.

La pauvre désespérée se met en chemin, en sabots, sans argent, sous la seule protection de son bon ange gardien, s'arrête à chaque pas pour tourner ses regards attendris sur son village, sur le clocher de la paroisse ; craint d'arriver, et arrive fort tard.

La Providence l'adresse à une fruitière miséricordieuse, comme toutes les pauvres femmes, qui la retire par charité, et la place chez sa voisine, dont elle garde les enfans, pour son pain. L'infortunée éprouve alors quelques regrets d'avoir quitté le toit paternel ; elle envoie de longs complimens, fait d'humbles excuses à sa belle-mère inexorable, qui l'abandonne à son malheureux sort.

La fortune, lui souriant un peu, l'introduit chez une marchande pour filer et veiller à la boutique ; elle y passe plusieurs années, filant comme une Parque, ne sortant pas plus qu'une religieuse ; et par sa sagesse mérite la confiance de sa maîtresse, qui l'initie à son commerce et lui livre son comptoir.

Fille de boutique, elle attire les chalands par son extrême politesse, et par sa modestie gagne l'affection d'un vieux serviteur qui l'épouse.

Femme prudente, économe et industrieuse, elle monte une petite boutique, qu'elle promène d'abord dans un panier, qu'elle étale ensuite sur deux trétaux, les jours de marché, exposée aux injures du temps.

La petite mercière occupe aujourd'hui la belle boutique d'un ancien marchand paresseux, indolent, qui s'est retiré dans une chambre, sur le derrière, où il peut méditer à loisir sur l'inconstance de la fortune.

En 1818, il s'est fait à Alençon 94 mariages ;
il est né 252 enfans légitimes , 71 enfans naturels ;
en totalité 323, dont 166 garçons et 157 filles.

En 1819, le recensement de la population s'élevait
à 13,955.

En 1820 , il s'est fait à Alençon 84 mariages ,
il est né 367 enfans , et mort 397 personnes.

PERSONNAGES REMARQUABLES.

La liste peut se réduire à trois écrivains, onze
seigneurs , et quatre femmes célèbres.

GUILLAUME LE ROUILLÉ , né à Alençon en 1494 ,
lieutenant - général de Beaumont et de Fresnai ,
conseiller à l'échiquier d'Alençon, a composé UN
COMMENTAIRE SUR LA COUTUME DE NORMANDIE , et
un recueil sur l'ANTIQUE EXCELLENCE DE LA GAULE
ET DES GAULOIS.

Un de ses descendans, M. Rouillé, ancien négo-
ciant d'Alençon, a bien voulu nous communiquer
un ouvrage de son parent, imprimé à Paris en 1535 ;
c'est une GLOSE LATINE SUR LA COUTUME DU MAINE
ET SUR LES STATUTS DU DUCHÉ D'ALENÇON, monument précieux pour la famille , pour la ville d'A-
lençon et pour l'histoire des usages et des mœurs
de ces temps-là.

Les comtes d'Alençon donnaient quelquefois des
terres pour un bouquet. Le seigneur de Thury ,
près Caen (Harcourt), n'était tenu qu'à présenter
une fleur de lys, le jour S.t-Jean. D'autres fois, ils
y attachaient des devoirs pénibles ; les seigneurs de
Cuissai, Lonrai, Damigni, Descures, Larré , Haute-

rive, Cerisey, Courteilles, Chauvigni, Tirlières, Hertré... étaient tenus de monter la garde plus ou moins long-temps aux portes de la ville et du château.

On avait établi autant de supplices que l'on comptait d'élémens : QUOT ELEMENTA, TOT SUPPLICIA. Les nobles étaient décapités et mis en terre, ou renfermés dans un sac et jetés dans l'eau ; les vilains étaient suspendus en l'air au fourches patibulaires ; ceux qui avaient fait pacte avec le diable, les hérétiques et les sorciers, étaient jetés au feu et brûlés.

Les seigneurs attachaient une grande gloire à élever des fourches patibulaires. Les bas justiciers pouvaient bien faire construire un moulin banal, un four banal, un pressoir banal ; exercer sur leurs sujets des corrections par amende ; mais ils ne pouvaient élever la plus petite fourche patibulaire. Les moyens justiciers pouvaient avoir deux fourches, punir les larcins et les homicides sans GUET-A-PENS, et sans confiscation de biens. Les hauts justiciers, les châtelains, pouvaient élever trois fourches, punir les homicides avec GUET-A-PENS, et confisquer à leur profit meubles et biens. Les barons jouissaient du droit de quatre fourches, et les comtes pouvaient en avoir jusqu'à six.

Les TENDEURS DE NUIT AUX CONNINS (lapins), les PÊCHEURS D'ÉTANGS, SUBISSAIENT PEINE CORPORELLE A L'ARBITRAIRE DES JUGES, comme les GUETTEURS DE CHEMINS, DÉCERPILLEURS (voleurs sur les routes), EMBRASEURS DE MAISONS, DÉPOPULATEURS DE CHAMPS ET BRIGANDS (fameux voleurs).

Le sujet qui donnait un soufflet à son seigneur subissait la peine capitale.

On torturait sur des présomptions : NON DEBET QUIS EX PRAESUMPTIONIBUS CONDEMNARI , SED POTEST TORQUERI.

Suivant les statuts d'Alençon , un seul tabellion peut recevoir un acte ; mais il doit déclarer l'endroit où il le reçoit , sous peine de nullité ; s'il commet un FAUX , il sera pendu et étranglé.

Les prêtres ne peuvent être chirurgiens.... barbiers ; mais ils peuvent être médecins ; et les médecins doivent être présens lorsque la médecine est préparée par les AROMATAIRES (apothicaires).

Le commerce n'était ni honoré, ni protégé. Le marchand, passant aux BRANCHÈRES (où était suspendue l'enseigne , LA BILLETTE), sans payer ses DENRÉES ; chevaux, charrettes et marchandises, tout était confisqué. On répétait l'axiôme : MERCATOR NUNQUAM PLACERE POTEST DEO.

LES BÊTES TROUVÉES PAR ESPAVE (épouvantées), SI, DANS 8 JOURS, IL NE VIENT AUCUN QUI LES ADVOUE , LE SEIGNEUR EN PEUT DISPOSER A SON PLAISIR.

Les AVETTES (abeilles), ASSISES AUX ARBRES, APPARTIENNENT AU SEIGNEUR.

La confiscation a lieu pour crime d'hérésie. BONA IPSORUM CONFISCATA.

Celui qui fait profession dans la religion de S.t François, LE GLORIEUX, ou de S.t François, LE MINIME, est exclu de toute succession.

Le glossateur le Rouillé cite Balde, le canoniste, qui affirme que les confréries ne sont point une institution religieuse ; ILLUD COLLEGIUM EST OMNINÒ PROFANUM, SECULARE.

Le même Balde, cité par le même glossateur,

affirme aussi qu'on peut voler impunément une courtisane; si MERETRIX POTEST IMPUNÈ RAPI, A FORTIORI POSSUNT EJUS BONA FURARI.

On croyait aux sorciers, et on les brûlait. Guillaume le Rouillé en rapporte un exemple, article 51, glose 9 : EXEMPLUM NUPER HABUIMUS IN ISTA URBE ALENCONII DE SORTILEGA ILLA , LAURENTIA MAGNA VULGARITER NUNCUPATA, QUAE INTER ALIA CONFESSA EST PEPIGISSE CUM SATHAN DEMONE , ET EUM PLURIES VIDISSE IN SPECIE MUSCAE, ET IN SPECIE HOMINIS MERCATORIS, INDUTUM NIGRIS INDUMENTIS, QUI EIDEM PLURA DOCUIT.... QUARE CONDEMNATA EST AD COMBURENDUM , ET CONDEMNATIONI INTERFUI.

Je laisse au lecteur la charge de traduire le texte et de le commenter.

JEAN LENOIR, né à Alençon en 1622 , théologal de Seès, auteur de plusieurs écrits polémiques sur les matières inintelligibles de la grâce, dont la plume était mordante, et le caractère un peu dur, fut condamné aux galères à perpétuité, comme un scélérat, et mourut dans les prisons de Nantes en 1692.

JACQUES-LOUIS LENOIR, né à Alençon en 1720 , savant bénédictin, coula des jours tranquilles au sein de la religion , et employa les loisirs de sa longue vie claustrale à recueillir des mémoires sur la Normandie, en 67 volumes IN-FOLIO , qu'il vendit à M. Dormesson , et dont est possesseur aujourd'hui M. le comte de Mathan , qui les a mis à la disposition de M. l'abbé de la Rue, célèbre antiquaire , et professeur d'histoire à l'académie de Caen.

YVES DE BELLÊME , premier seigneur, fut gratifié

du territoire d'Alençon, en 944, par Richard I,
duc de Normandie, pour l'avoir enlevé de la cour
de Louis-d'Outre-Mer, en l'enveloppant dans une
botte d'herbes.

GUILLAUME TALVAS II, seigneur d'Alençon, fit
assassiner, dit-on, sa femme, qui allait à la messe ;
en prit une seconde ; invita à ses noces le chevalier
Giroye, seigneur de S.ᵗ-Cenery, et au milieu des
fêtes le fit arrêter, lui fit crever les yeux, couper
le nez, les oreilles, les organes de la reproduction ; et, ainsi mutilé, le fit jeter dans un cachot.
Les Grecs n'auraient pas manqué de mettre en scène
une action aussi perfide et aussi atroce.

ROGER DE MONTGOMMERI, seigneur d'Alençon,
par son mariage avec Mabille de Bellême, unique
héritière, fit sa cour à Guillaume-le-Bâtard, duc de
Normandie, l'accompagna en Angleterre, contribua
beaucoup au gain de la bataille de Hastings, et
partagea les fruits de la conquête ; il combattit toute
sa vie, et fut toujours en guerre, en Angleterre
contre les Gallois, et en Normandie contre les Manceaux. Le fin courtisan, l'adroit politique, le grand
guerrier, le puissant seigneur, se fit moine dans
l'abbaye de Schrewsburi, qu'il avait fondée, et
voulut mourir sous le froc.

ROBERT DE BELLÈME-MONTGOMMERI, dit le DIABLE,
seigneur d'Alençon, paraissait entraîné par l'aveugle
destin à tourmenter les autres et à se tourmenter
lui-même ; maître de 34 châteaux en Normandie
et de plusieurs places très-fortes en Angleterre, il
se battait sur tous les points du cercle immense de
ses domaines ; au nord, contre les seigneurs de

Courcy et de Graut-Ménil ; à l'est, contre Geoffroi, de Mortagne ; au sud, contre Elie de la Flèche ; à sa porte, contre les seigneurs de St-Cenery ; et au pays de Galles, contre le roi d'Angleterre. Il faisait quelquefois la guerre aux moines, et les moines ne le ménageaient pas dans leurs écrits ; ils l'appelaient PHALARIS et NÉRON, CERBÈRE et PLUTON ; il chassa de sa maison le fier Raoul-Des-cures, abbé de St-Martin ; et Serlon, évêque de Seès, lança contre lui les foudres de l'excommuni-cation.

L'heureux guerrier, qui avait bravé les fureurs de Bellone, qui avait échappé aux hasards de la guerre, vint échouer à Bonneville-sur-Touques, dans une conférence amicale avec le roi d'Angleterre. Henri l'arrêta, et fit enchaîner le DIABLE dans le château de Werrham, où il est mort.

Si cette arrestation était nécessaire pour le repos du monde, elle n'en était pas moins injuste, bar-bare et opposée au droit des nations ; puisqu'alors Robert était revêtu du caractère sacré et inviolable d'ambassadeur du roi de France, et qu'il portait à la main une branche d'olivier.

Louis le Gros réclama son ambassadeur, intéressa en sa faveur le pape Callixte II, qui était alors en France ; mais le pape, gagné par Henri, ré-pondit que le roi d'Angleterre n'avait point de tort ; NIHIL ANGLORUM REGIS CAUSA JUSTIUS ESSE.

ETIENNE DE MORTAIN, seigneur d'Alençon, n'était qu'un usurpateur, puisqu'il ne tenait son droit que de la donation de son oncle Henri, qui, non content d'avoir privé le père de sa liberté, voulait

priver le fils de son héritage. Comme tous les usur-
pateurs, Etienne, inquiet et cruel, exerça les plus
grandes atrocités; ses soldats couraient jour et nuit
dans les rues, attaquant, insultant, outrageant impunément les femmes et les filles. Pour s'assurer de
la fidélité des habitans, qui ne l'aimaient pas, l'u-
surpateur fit enfermer dans le château tous les enfans
de l'un et de l'autre sexe.

GUILLAUME III, seigneur d'Alençon, avec les 34
châteaux de son père Robert, et le comté de Pon-
thieu de sa mère, était quelquefois fort embarrassé
à trouver où coucher; le bon Henri, qui n'était
pas scrupuleux, s'était emparé de l'immense succession. Il ne restait à Guillaume que quelques amis,
dont le meilleur était Foulques, comte d'Anjou,
prince juste et religieux, qui arma en sa faveur,
et après avoir gagné une bataille contre Henri, le
rétablit dans tous ses biens. Guillaume ne fut point
ingrat; il resta toujours attaché à la maison d'Anjou,
se résigna à tous les sacrifices, et perdit de nouveau
la seigneurie d'Alençon. La paix ayant été faite,
Guillaume ne s'occupa plus qu'à faire de pieuses
fondations, et y consacra la plus grande partie de
ses biens; il fonda les abbayes de Perseigne, S.t-
André-en-Goufferne, Vignas, Valoires, S.t-Josse-
aux-Bois, et les prieurés de Mamers et de la Cochère;
enfin il se croisa en 1147, et partit avec son fils
pour la Terre-Sainte. On reproche au dévot pélerin,
au pieux fondateur, d'avoir eu six enfans naturels;
et, en passant par Seés avec un détachement de
troupes, d'avoir fait eunuques l'évêque Girard II,
et plusieurs chanoines.

CHARLES I, de la maison royale de France, seigneur d'Alençon, possédait en outre le comté de Valois et celui de Chartres, et serait devenu le plus puissant prince du monde, s'il avait pu jouir de toutes les largesses du pape Boniface VIII, qui lui avait donné généreusement le comté de Barcelone, le royaume d'Aragon et l'empire de Constantinople.

Avec toutes ses richesses et ses magnifiques prétentions, Charles avait toujours besoin d'argent. On dit qu'il contribua à la condamnation des Templiers, et qu'il eut part aux dépouilles. Ce qu'il y a de certain, c'est qu'il extorqua plusieurs sommes d'Enguerrand de Marigni, sur-intendant des finances, et qu'il le fit pendre pour récompense.

Depuis ce temps, les remords dévorèrent le seigneur d'Alençon; les ombres de Molay et de Marigni le poursuivaient partout. Pour appaiser l'ombre de ce dernier, il fit distribuer de l'argent à tous les pauvres de Paris, en leur disant : PRIEZ DIEU POUR MONSEIGNEUR ENGUERRAND ET POUR MONSEIGNEUR CHARLES.

CHARLES III, seigneur d'Alençon, né en 1337, fut le triste témoin des malheurs qui fondirent sur le pays. Après les batailles de Crécy et de Poitiers, gagnées avec moitié moins de soldats par les Anglais, qui ne savent pas se battre sur terre, Charles vit les campagnes ravagées et les villes prises, sans pouvoir les secourir; pour garantir Alençon d'un coup de main, il fut obligé de faire raser les faubourgs : le prieuré de S.t-Ysiges, à Lencrel; et l'Hôtel-Dieu, à Montsort. Dégoûté du monde, le duc d'Alençon se fit dominicain, se soumit à toutes les rigueurs de la règle, et alla quêter dans les campagnes, la besace sur le dos.

PIERRE II, seigneur d'Alençon, réunit toutes les qualités d'un honnête homme, d'un brave militaire et d'un prince bienfaisant. Envoyé en Angleterre, comme otage pour le roi Jean, il fut très-fidèle à sa parole, et ne revint que lorsque toutes les conditions du traité furent remplies. A son retour, le prince servit, avec beaucoup de distinction, sous le célèbre Duguesclin, battit les Anglais en plusieurs rencontres, et reçut à Hennebon une honorable blessure. Retiré du service, Pierre II s'occupa spécialement des soins domestiques, établit partout l'ordre et l'économie, fit plusieurs contrats d'acquisition, et néanmoins embellit ses châteaux, sur-tout celui d'Argentan, où il se plaisait beaucoup ; il répandit ses bienfaits sur l'hospice d'Alençon, et lui permit de prendre tous les ans, dans ses forêts, cent quatre charretées de bois, traînées par quatre chevaux, ou bien par six bœufs ; le bon prince n'avait pas calculé le produit des forces mouvantes ; dévot et sensible, il allait souvent dans le Perche voir M.me Blandé, sa maîtresse, et faire des retraites au Val-Dieu, où il avait fondé quatre chartreux, et où il est inhumé avec cet épitaphe :

SOUS CETTE PIERRE
REPOSE LE COMTE PIERRE.

JACQUES LE GRIS, gouverneur du château d'Exmes, seigneur de la Lande-de-Goult et de plusieurs autres paroisses, chambellan de Pierre II, fut accusé par

Jean de Carrouges, chambellan du même prince,
d'avoir attenté à l'honneur de sa femme, qui se
trouvait seule au château de Capoménil, près S.t-
Pierre-sur-Dives ; l'affaire fut portée à la cour du
prince, qui acquitta le Gris. Jean de Carrouges en
appela au parlement ; on entendit, on mit à la
question plusieurs témoins, qui ne déposèrent rien.
L'accusé devait être acquitté ; mais Carrouges furieux
demanda le GAGE DE BATAILLE, que le parlement
lui accorda, remettant ainsi à la chance d'un combat
la décision de l'innocence, ou de la culpabilité. On
prépara des lices dans le quartier du Temple, et l'on
éleva des échafauds pour le roi, la cour et les seigneurs,
qui accoururent des provinces les plus éloignées.
Les deux champions entrent dans la lice, combattent
d'abord à cheval, sans pouvoir se faire vider les
étriers, et descendent pour combattre à pied. Le
Gris, ayant eu le malheur de glisser et de tomber,
Carrouges se précipite sur lui, le presse d'avouer
son crime ; le Gris proteste de son innocence sur
la damnation de son âme ; aussitôt Carrouges lui
plonge son épée dans le sein, puis s'achemine vers
l'église Notre-Dame, pour remercier le Ciel de la
déshonorante victoire qu'il vient de remporter, de
l'infâme action, du meurtre légal et non loyal qu'il
vient de commettre. On pendit au gibet de Montfaucon le corps du malheureux le Gris, dont l'innocence fut reconnue quelque temps après, par
l'aveu du coupable. On peut voir plus au long le
détail de ce singulier procès dans le PRÉCIS SUR LA
VILLE D'EXMES.

Les écrivains, qui ne publient souvent que des

frivolités, devraient bien s'emparer d'un sujet aussi éminemment dramatique.

JEAN II, que l'on devrait appeler Jean V, seigneur d'Alençon, fut peut-être le plus malheureux de tous les seigneurs. Il était à peine âgé de dix ans, qu'il fut forcé de quitter son château et d'abandonner ses amples possessions, dont les Anglais s'emparèrent, et qu'ils gardèrent trente ans, pendant qu'il portait la cuirasse au service d'un prince proscrit, de Charles VII, qui ne le payait pas. Fait prisonnier à la bataille de Verneuil, il fut obligé de vendre tous ses biens maternels de la Bretagne, tous les bijoux de sa maison, pour payer sa rançon estimée à 300,000 écus d'or, dont il emprunta encore une partie.

Pour ranimer le courage des troupes, le duc présenta à Charles la célèbre fille de Vaucouleurs, JEANNE D'ARC, l'héroïne qui sauva la France. Depuis lors les affaires des Anglais tournèrent mal ; et quatre échevins de la ville d'Alençon, Duménil, Brosset, le Bouleur et Moinet, dont les noms devraient être gravés sur un marbre dans la salle du conseil municipal, se concertèrent pour rétablir leur légitime seigneur, qu'ils introduisirent dans la ville par la porte Lencrel, et quelques jours après dans le château, par capitulation.

Retiré dans ses terres, le duc ne laissait pas d'exhaler quelques plaintes amères, bien fondées, contre l'ingratitude de la cour; et il fut accusé de s'être servi de prêtres, de moines, et d'un pauvre boiteux, de Domfront, (TORS-FILEUX), pour correspondre avec les Anglais, et rappeler ses plus cruels ennemis.

L'accusation était absurde, ou le prince était devenu fou ; mais il n'en fut pas moins condamné par arrêt du parlement..... CHARLES.... DUMENT INFORMÉS.... CONDAMNONS LE DUC D'ALENÇON A RECEVOIR MORT.... SES BIENS CONFISQUÉS.... L'EXÉCUTION DIFFÉRÉE JUSQU'A NOTRE BON PLAISIR.

O VRAI DIEU, QUELLE SENTENCE ! dit un vieux chroniqueur ; JE LA REMETS A VOTRE JUGEMENT...., LES ENNEMIS CAPITAUX DU DUC AVOIR ÉTÉ SES JUGES ! HÉLAS ! HÉLAS QUELLE SENTENCE ! QUELLE RÉMUNÉRATION !

Après la mort de Charles VII, Louis XI, filleul de Jean, rendit la liberté à son parrain ; mais quelque temps après, il le fit arrêter comme coupable du même crime ; et, plus expéditif que son père, il le fit condamner par une commission DÉVOUÉE, et différa l'exécution.

Deux fois le malheureux duc entendit sa condamnation à la peine capitale ; deux fois il subit les angoisses de la mort, dont le dernier coup ne lui fut certainement pas le plus sensible ; il mourut dans sa prison, en 1476.

MABILLE DE BELLÊME, épouse de Roger de Montgommeri, gouvernante de la seigneurie d'Alençon, pendant l'absence de son mari, assez occupé de son immense fortune en Angleterre, a laissé une mémoire bien équivoque.

S'il est difficile en général de peindre la femme, dont le caractère est extrêmement mobile, tantôt faible, tantôt ferme et opiniâtre, suivant les circonstances, il l'est bien plus de peindre Mabille, placée dans des positions extraordinaires, et dont les historiens ont parlé si diversement.

Quoiqu'elle fut de petite stature , Durand, moine
de Troarn , l'appelle Mabille la grande (MAXIMA
MABILIA), célèbre entre toutes les femmes (INTER
CELEBRES FAMOSA MULIERES), éloquente et spirituelle
(ACRIOR INGENIO). Le moine de S.ᵗ-Evroult , Or-
déric-Vital , dit au contraire que ce n'était qu'une
babillarde , une femme cruelle et vindicative, qui
employait également contre ses ennemis la force
et la ruse, le glaive et le poison.

Vous ne pourriez , avec tous ces traits, former
qu'un être indéfinissable, monstrueux , énigmatique,
un SPHINX ; il vaut mieux la juger par les faits.

L'épouse de Roger , fille du cruel Talvas II , avait
hérité de son père de la haine qu'il portait aux
Giroyes, qu'elle poursuivit avec le plus grand achar-
nement; ne pouvant vaincre Ernault par la force,
elle le fit empoisonner ; elle persécuta les moines de
S.ᵗ-Evroult , et fonda les abbayes de Troarn et de
Seès ; elle protégea d'abord Hugues Salgey , et lui en-
leva par la suite toutes ses possessions; ce qui fut la
cause de sa perte.

Les fils Salgey, ayant appris qu'elle était dans son
château de Bure-sur-Dives, pénétrèrent, on ne dit
pas comment, jusque dans la chambre où elle était
couchée; et, au lieu de diriger contre la victime,
d'une main mal assurée, un poignard , dont le coup
peut être douteux , les cruels bourreaux lui coupèrent la tête.

Au reste, Roger de Montgommeri, et Mabille,
son épouse, ont immortalisé leurs noms; l'un en
fondant le comté de Montgommeri, en Angleterre;
et l'autre en bâtissant le château de la Roche-Mabille,
à deux lieues d'Alençon.

MARGUERITE DE LORRAINE, épouse de René, seigneur d'Alençon, sortie de l'auguste maison qui occupe aujourd'hui le trône impérial d'Autriche, n'avait en mariage que 50,000 francs, payables en plusieurs termes ; mais elle apportait en dot des vertus, qui valent mieux que l'argent.

DUMMODÒ MORATA VENIAT, DOTATA EST SATIS.

Elevée dans les sentimens d'une piété éclairée, Marguerite ne négligea point les soins domestiques pour les pratiques religieuses ; par sa grande douceur, elle versa quelques consolations dans le cœur de René, qui avait éprouvé bien des peines ; par son économie, elle se trouva dans la position de payer de nombreuses dettes, et de faire du bien aux pauvres et aux églises.

Cette princesse, qui, de son domaine de Domfront, recevait tous les ans 6500 chapons, et qui, retranchant les 140 jours d'abstinence, en pouvait faire servir tous les jours 27, n'en faisait servir que 3.

Voici l'état de sa dépense journalière : à dîner, pour la duchesse, une pièce de bœuf, une de mouton, deux chapons bouillis ; le rôti était composé d'un demi-chevreau, d'un MEMBRE de mouton, de quatre pigeons ou d'un lapereau ; à souper, une longe de veau, un MEMBRE de mouton, un demi-chevreau, quatre poulets ou un lapereau. La desserte formait la table des gentilshommes ; on y ajoutait seulement une pièce nouvelle de bœuf ou de mouton. Pour les dames et demoiselles d'honneur : à dîner, une pièce de bœuf, une de mouton, un chapon ; à souper, deux MEMBRES de mouton, deux pièces de veau et quatre poulets. La dépense de la bouche ne s'élevait qu'à 9 francs par jour.

Deux évêques, Etienne Goupillon et Gilles de Laval, disputaient alors le siége épiscopal de Seès; leurs droits se balançaient tellement que la cour de Rome et le parlement de Rouen ne voulurent point prononcer; les chanoines, les curés, les fidèles, étaient divisés entre les contendans, et les parties s'animèrent au point que le sang coula plusieurs fois dans la ville de Seès. Le duc et la duchesse, dont la conscience était très-délicate, après un mûr examen des prétentions réciproques, se décidèrent pour Goupillon, nommé le premier, et qui avait reçu ses bulles du pape Sixte IV.

La duchesse Marguerite a fondé dans la ville d'Alençon un monastère de Clairettes, dont 13 furent installées en 1501. Les supérieures sont qualifiées d'abbesses, et l'on en compte 31, depuis Jeanne de Nocey jusqu'à Geneviève-Perrine de Lhomois, élue en 1772.

René avait fait jeter, en 1489, les fondemens du temple S.t-Léonard, que son épouse fit achever; et, en 1505, il fut dédié à S.t-Léonard, sûrement S.t-Léonard de Vandeuvre, ou des Bois, à 3 lieues d'Alençon, patron de la chapelle des premiers seigneurs, qui en possédaient le corps, remplacé par S.t-Léonard-de-Noblac, à 5 lieues de Limoges. La duchesse, qui aimait beaucoup cette église, assistait tous les dimanches à matines et à laudes, qui se disaient alors, et fonda trois messes par semaine, à 3 sous 6 deniers la messe.

, Outre le monastère d'Alençon, Marguerite fonda un monastère de Clairettes à Mortagne, et un autre à Argentan, où elle fit profession, en 1520, en ces termes : JE, SOEUR MARGUERITE DE LORRAINE, PROMETS A DIEU, A LA BENOITE VIERGE MARIE, AUX SAINTS ET SAINTES, DE GARDER LA RÈGLE DE S.te-CLAIRE. L'humble fille de l'humble S.t-François ne voulut jamais remplir dans la maison d'autres fonctions que celles d'ouvrir la porte et de laver les écuelles.

MARGUERITE DE VALOIS, sœur de François I.er, duchesse d'Alençon, épouse de Henri d'Albret, roi de Navarre, est l'aïeule du grand Henri.

Cette princesse, célèbre par sa bonté, son esprit et ses charmes, éprouva bien des peines et des disgrâces; la politique lui donna deux maris qu'elle n'aimait pas; les événemens de la guerre plongèrent son frère dans les prisons de Madrid; la Sorbonne censura ses écrits; les moines la décrièrent en chaire; des régens de collége la jouèrent sur le théâtre.

Marguerite se consola dans le sein des muses, dont elle fut appelée la dixième, et au milieu des savans qu'elle fit venir à sa cour. Elle déroba aux bûchers un grand nombre de protestans : GÉRARD LE ROUX ; PIERRE CAROLI, curé d'Alençon ; CLÉMENT MAROT, BERQUIN, CHARLES DE S.te-MARTHE ; ETIENNE DOLET, qui dans la suite fut brûlé à Paris, sur la place Maubert.

La tendre commisération de Marguerite lui attira la haine des catholiques outrés, qui traitèrent d'hérétique la fondatrice du monastère d'Essay, l'insigne bienfaitrice des Clairettes d'Alençon, qui fit bâtir la chambre de travail, le réfectoire, et partageait avec les religieuses les fruits de son jardin.

Pendant le séjour que la duchesse fit à Alençon, en 1530, elle y perdit son fils unique, JEAN, prince de Viane, qui fut inhumé dans le caveau des ducs.

Les habitans d'Alençon furent plongés dans le deuil et la tristesse; pour les consoler, la princesse fit afficher sur les murs de la ville l'admirable sentence du saint homme Job (DOMINUS DEDIT, DOMINUS ABSTULIT).

C'est dans le château d'Alençon que la reine de Navarre écrivit ses NOUVELLES, où elle fit entrer plusieurs aventures galantes de la ville et du parc; mais les habitans d'Alençon ne paraissent pas très-glorieux de la muse alençonnaise; ils ne s'en occupent guère.

Les Virois, rayonnans de gloire, célèbrent bien autrement leur chansonnier BASSELIN; ils prétendent que les chansons de leur poète, composées dans la vallée de Vire, ont donné le nom aux Vaux-de-Vire, au Vaudeville; ils pourraient bien se tromper. Il paraît que le Vau-de-Vire ne tire point son nom de la vallée de Vire, mais de pièces de vers nommées VIRE-LAY-VIRE, qui se chantaient en virant, tournant, faisant des RONDES, des RONDELLES; comme le prouvent assez clairement les vers de JEAN LE MAIRE, qui ne connaissait certainement pas les chansons de Basselin :

Là MAINT GOSIER, BARYTONNANT, BONDIT,
QUI LAY PRONONCE, OU BALLADE ACCENTUE,
VIRE-LAY-VIRE, OU RONDEL ARRONDIT.

M. DUBOIS, habile bibliographe, très-zélé pour

la gloire des Normands, vient de publier un recueil intéressant de vieilles chansons normandes. Il est fâcheux que, malgré ses savantes recherches, l'éditeur n'ait pu recouvrer le manuscrit de Corneille-Blessebois, sur les aventures du parc d'Alençon, et qu'il n'ait point eu connaissance de la Muse normande, où il aurait puisé plusieurs morceaux de poésie dans toute leur pureté naïve, et qui n'auraient pas déparé sa collection.

S'il était permis de prévenir les jugemens de la postérité, je pourrais joindre aux chantres du parc d'Alençon et de la vallée de Vire le chantre des rochers de Héloup, M. l'abbé Gérard, élégant traducteur, en vers français, des sublimes odes de Santeuil, et des hymnes prosaïques du bréviaire romain ; qui a réuni le sacré et le profane, la ville et la campagne, chanté sur tous les tons, et poétiquement décrit toutes les nuances variées des différens objets de la nature et des arts :

Le tapage de la foire Chandeleur, et le profond silence des bois ;

Les brillantes ouvrières, qui mettent à contribution l'Europe et l'Asie pour l'ordonnance d'un bonnet à la mode ; et la modeste campagnarde, qui file au fuseau un habillement complet ;

La truelle du maçon, qui bâtit une cabane ; et le graphomètre de l'ingénieur cadastral, qui mesure un champ ;

e superbe clocher qu'il a élevé, et l'image du saint qu'il a grossièrement sculptée ;

Le coq de son église, et le coq de sa basse-cour ;

La voix rauque du chantre qui estropie un graduel,

et les sons argentins de la bergère du village ;

Les roulades de Philomèle , qui retentissent dans le bocage ; et le tendre ramage de Progné , qui gazouille sur la cheminée ;

Les modulations sonores du cujelier, qui chante au haut des airs ; et les frémissemens doux et plaintifs du traine-buisson ;

Le chant joyeux et animé du troglodite, qui s'agite sur le pignon du presbytère ; et le monotone refrain tip, tip, de la fauvette, qui se fait entendre dans la haie du jardin ;

Le timbre enchanteur du familier rouge-gorge , établi dans le prunier de reine-claude ; et le triste ouistra-tra du solitaire traquet, posé sur la pointe d'une roche.

La collection réunie de toutes ces poésies formera pour le moins 10 gros volumes in-octavo.

Elisabeth d'Orléans , veuve du duc de Guise , duchesse d'Alençon , fit long-temps sa résidence dans son magnifique palais de S.t-Blaise.

Cette princesse, un peu trop dévouée aux Jésuites du collége , prit deux fois sous sa protection les catholiques insolens, qui avaient insulté les protestans jusque dans leur temple , et poursuivit un peu trop vivement de pauvres prêtres , dits Jansénistes ; mais elle répara bien toutes ces fautes, en fondant à l'hospice 16 dames de charité, pour prendre soin des pauvres et des malades ; en conséquence, elle fit venir de Paris les aimables filles de S.t-Vincent-de-Paule , dont le modeste costume annoncerait presque une toilette recherchée , si toutes les idées vagues ne venaient expirer à leurs pieds.

Ces anges consolateurs adoucissent si bien les

voies du redoutable passage, en couvrant d'un voile blanc la face hideuse de la mort, que le porte-faix, qui vient rendre le dernier soupir à l'hospice, est moins malheureux que le riche célibataire, abandonné aux soins mercenaires d'une garde maladroite, maussade et insensible.

CHRONOLOGIE DES PRINCIPAUX ÉVÉNEMENS.

Les Celtes Senonois, des rives de l'Yonne, pénètrent en Italie, et s'y établissent; et, 523 ans après, César pénètre dans les Gaules et en fait la conquête.

An de Rome. 163.

Les Celtes Cénomans et Diablintes, des rives de la Sarthe, traversent les Alpes et fondent des villes en Italie; et, en 697, PUBLIUS CRASSUS, lieutenant de César, s'empare du territoire des Diablintes. À cette époque, le soldat romain, armé de sa redoutable pique, s'assied dans nos foyers; et, en 1810, des soldats d'Alençon foulent les monumens romains, et se promènent sur les ruines du capitole; tous les jours, les Italiens pacifiques viennent chanter des ariettes pour nous amuser, et vendre des MONOCLES et des BINOCLES, des LOUPES et des BILOUPES.

178.

Les Saxons, Danois, Norvégiens et autres barbares du Nord, ravagent le territoire d'Alençon, pillent les maisons, enlèvent les meubles; aujourd'hui, leurs descendans nous apportent les planches de sapin de leurs forêts, qui décorent nos maisons, et le cuivre de leurs mines, qui sert à nos cuisines.

An du Christ. 368.

An
du Christ.

420.

L'Anglais S.t-Latuin prêche les habitans de l'A-lençonnais, établit le christianisme, fonde l'église de Seès; et, pendant nos troubles, les prêtres d'A-lençon, passent en Angleterre et demandent un asile aux hérétiques anglais.

509.

CLOVIS, chef des Francs, s'empare du territoire des Diablintes, qui prennent le nom de Neustriens.

717.

Les comtes, ou plutôt les rois d'Exmes, suivant Orderic-Vital, dont la juridiction s'étendait jusque dans le faubourg Vaucelles de Caen, établissent à Alençon un simple centenier; aujourd'hui, il n'y a plus à Exmes qu'un juge de paix, dont la juri-diction est très-bornée, et le préfet de l'Orne nomme le maire de la capitale d'un royaume.

878.

ROLLON, à la tête de ses braves Normands, remonte la Seine, fait trembler dans leurs murs les Parisiens, qui prient le Ciel dans leurs litanies de les délivrer de la fureur des Normands. Aujourd'hui, les descen-dans pacifiques de ces terribles Normands sont les très-humbles serviteurs des Parisiens, bâtissent leurs maisons, cultivent leurs jardins, vendent de la romaine dans les rues, et reçoivent de Paris, avec recon-naissance, les lois et les modes, le Code civil et le Code criminel.

944.

YVES DE BELLÊME est récompensé du territoire d'Alençon, pour avoir sauvé le duc Richard I dans une botte de foin, et jette les fondemens de la ville.

ROBERT I, duc de Normandie, oubliant les ser-

vices de la maison de Bellême ; assiége la ville d'A-
lençon, s'en empare, et force le fier Talvas I à   1029.
lui demander pardon , en chemise , nu-pieds , et
une selle à cheval sur le dos.

GUILLAUME TALVAS II tue sa femme ; qui allait
à la messe ; et mutile Giroye ; seigneur de S.ᵗ-Cenery ;   1036.
qu'il avait invité à ses noces.

GEOFFROY MARTEL, comte d'Anjou, assiége la ville
d'Alençon , et s'en empare d'autant plus facilement
qu'il fut favorisé par les habitans, qui détestaient   1048.
le cruel Talvas. A cette occasion, Guillaume Mal-
mesbury les appelle des perfides ; PRONIS IN PER-
FIDIAM HABITATORIBUS.

GUILLAUME LE BATARD, duc de Normandie, forme
le siége d'Alençon , coupe par morceaux les soldats
Angevins qui, pour se moquer de son origine,   1049.
avaient étalé une peau sur les murs du boulevard ;
et fait jeter les membres sanglans dans le château.

Par le conseil et l'aide de Roger de Montgommeri , seigneur d'Alençon , Guillaume le Bâtard ,
petit-fils d'un pelletier de Falaise , opère une descente
en Angleterre , sans qu'on lui oppose une seule   1066.
barque , et met la couronne sur sa tête. Aujourd'hui,
l'Anglais domine sur toutes les mers, règne sur le
fleuve S.ᵗ-Laurent , sur le Gange , et fait trembler
l'empereur du Mogol sur son trône.

Guillaume le Conquérant et Roger de Montgom-

An
du Christ.
1074.

meri réunissent leurs troupes à Alençon, pour marcher contre les Manceaux.

1077.

Nouveau rassemblement de troupes à Alençon pour marcher contre les opiniâtres Manceaux, toujours en guerre avec les Normands, qui ne valaient pas mieux.

1113.

Henri I, roi d'Angleterre, duc de Normandie, et Foulques, comte d'Anjou, se réunissent au château de Hertré, près Alençon, dont on voit encore quelques ruines, pour conférer ensemble; ils y arrêtent un projet de mariage entre Mathilde, fille du roi, et Geoffroy, fils de Foulques; ce mariage, qui fut célébré quelques années après, fit passer l'Angleterre et la Normandie dans la maison d'Anjou, si bien célébrée par David Hume, sous le nom de Plantagenet, et qui s'est éteinte en 1485.

1117.

Etienne de Mortain, usurpateur de la seigneurie d'Alençon sur Guillaume III, légitime héritier, exerce de grandes cruautés; pour s'assurer de la fidélité des Alençonnais, qui ne l'aimaient pas, il fait enfermer dans le château, et garder comme otages, les enfans de l'un et de l'autre sexe.

1118.

Sous les murs d'Alençon, à l'ouest de la ville, se donne une cruelle bataille, qui dure tout le jour, entre l'armée de Henri I et celle de Foulques. Henri, vaincu, se retire à Seès avec les débris de son armée. Foulques, victorieux, vient coucher au prieuré de S.t-Ysiges de Lencrel, et le lendemain fait chanter une messe, pour remercier le Ciel de la sanglante victoire, au lieu de lui en demander pardon. En labourant sur le champ de bataille, entre Alençon et Hertré, on trouve des tronçons de lances; et dernièrement, en tirant du sable, à deux pieds de profondeur, on a trouvé des débris d'ossemens humains, et des dents incisives qui ont conservé leur émail.

JEAN I, évêque de Seès, neveu de Serlon, héritier de la haine de son oncle contre la maison de Bellême-Montgommeri, partisan de l'usurpateur Etienne, prodigue les censures de l'église, lance un interdit sur la ville d'Alençon, fidèle à la légitimité. 1127. On n'enterre plus; les morts empoisonnent les vivans; il ne se fait plus de mariages; c'était d'un même coup tuer la génération présente, et éteindre les générations futures.

La foudre tombe sur la ville d'Alençon, qui fut presque toute brûlée; parce que les maisons étaient 1134. bâties en bois, et qu'alors il n'y avait pas de pompes.

HENRI I, roi d'Angleterre, s'empare de la ville d'Alençon, d'où il chasse Guillaume III, fils du 1135. fameux Robert, dit le Diable, et passe deux mois dans le château.

HENRI II, roi d'Angleterre, vient à Alençon, y passe les fêtes de Pâques, et y tient sa cour 1173. plénière, suivant l'usage de ce temps-là.

HUGUES DE NONANT, près Seès, évêque, légat du S.t-Siége, dont la vie avait été peu édifiante, et qui n'était pas honteux, (AUDAX ET INVERECUNDUS

AD AUSUS IMPROBOS, dit Guillaume de Neubrige),
piqué du ver rongeur dans ses derniers momens,
fait une confession publique, suivant l'usage, et
demande pour pénitence de rester en purgatoire
jusqu'au jour du dernier jugement.

PHILIPPE AUGUSTE, roi de France, établit un
baillage à Alençon.

GEOFFROY DE MAYET, évêque de Seès, n'établit dans
la ville d'Alençon qu'un seul vicaire, dépendant des
moines de Lonrai. Il y a aujourd'hui deux curés, qui
jouissent des précieux droits canoniques de l'inviola-
bilité; tandis que l'ancien curé de Montsort n'est plus
qu'un simple desservant, porteur d'une commission
révocable à volonté.

S.t-LOUIS donne la seigneurie d'Alençon à un de
ses fils, qui prit le nom de Pierre I.

CHARLES I érige à Alençon une cour souveraine,
sous le nom d'Echiquier.

L'ancienne chapelle Notre-Dame ne suffisant pas
pour contenir les habitans, on bâtit la nouvelle nef,
qui existe aujourd'hui, à laquelle les bas-côtés ne
répondent pas.

JEAN BOULLET, maître des fortifications, craignant
que les Anglais ne fassent le siége d'Alençon, fait
abattre les maisons de l'hospice, situées dans un bon
air, sur le coteau de Montsort, pour les transporter
sur la rive droite de la rivière, dans un air bien
moins pur.

An du Christ. 1198. 1220. 1243. 1270. 1320. 1350. 1358.

Un seigneur de Ménil-Haton, du nom de Ferreur, fonde la chapelle S.ᵗ-Blaise, que l'on démolit aujourd'hui pour former le marché aux chevaux.

Au du Christ, 1400.

Le dévot et sanguinaire Louis XI arrive à Alençon, entend la messe à Notre-Dame, va faire sa prière dans l'église de l'hospice ; en passant sous la porte du château, une pierre détachée par un page et une femme du monde, qui folâtraient, tombe si près du roi qu'elle emporte un pan de sa robe ; Louis se jette à genoux, baise la terre, ramasse précieusement la pierre, qu'il porte au Mont S.ᵗ-Michel, où il la fait suspendre à côté du Crucifix. Il est possible qu'elle n'y soit plus.

1472.

Marguerite de Lorraine, épouse de René, duc d'Alençon, achève la bâtisse du temple S.ᵗ-Léonard, commencé depuis 16 ans.

1505.

Les protestans d'Alençon ayant fait passer à Genève frère André, cordelier, pour qu'il s'y formât aux fonctions du ministère, le réclament auprès de Calvin, qui leur répond que le cordelier est allé en Allemagne, et QUE LA POCHE SENTIRAIT TOUJOURS LE HARENG : expressions triviales qui ne devaient pas sortir de la plume sévère du réformateur. (LETTRE ORIGINALE CONSERVÉE DANS LA FAMILLE DE NOEL BAHUET.)

1543.

Henri II, roi de France, érige un présidial à Alençon.

1552.

Les protestans, se trouvant les plus forts, commettent quelques excès dans la ville d'Alençon.

1562.

An
du Christ.
1572.

Les catholiques se préparent à renouveler les tristes scènes de Paris; mais Matignon, gouverneur de la ville, accourt de son château de Lonrai, prend les protestans sous sa protection, et empêche l'effusion du sang.

1576.

Henri IV, qui avait abjuré le protestantisme, pour sauver sa vie, vient à Alençon, désire rentrer dans la communion de l'église réformée; ce qui ne lui fut accordé, que lorsqu'il eut satisfait à la pénitence qui lui fut imposée.

1589.

Cette année est une des plus fertiles en événemens. Trois partis très-animés, ROYALISTES, LIGUEURS et PROTESTANS, déchirent la ville d'Alençon. Au mois de janvier, le duc de Montpensier, gouverneur de la Normandie, fidèle au roi, se rend à Alençon, et établit René de Renty gouverneur de la ville et du château. A la fin d'avril, le capitaine Decoliers (Pastoureau), protestant, qui allait dîner chez Jean de Frotté, seigneur de Couterne, de la même communion, tombe sous les coups de poignards, à la porte de l'église Notre-Dame. Son valet de chambre est assassiné aux Étaux. Ces crimes restent impunis; la justice est enchaînée; Pierre le Hayer, lieutenant particulier, est obligé, pour se dérober lui-même aux poignards, de se renfermer dans un cachot de la conciergerie. Le 18 mai, le duc de Mayenne, se présente devant la ville avec une armée de ligueurs, brûle le faubourg Lencrel, et s'empare du château par capitulation. Quelques mois après, les ligueurs, qui étaient les maîtres, font pendre les plus ardens royalistes, Duval, David Prênel, Pierre Barbier, Vincent Petit, Lepine, Pichonnier et Michel Houssemaine. Le 23 décembre, Henri IV arrive devant la ville d'Alençon. Les Anglais, qui servaient dans son armée, toujours braves et ingénieux, accrochent avec des grappins le pont-levis du boulevard, l'abaissent, et pénètrent dans la forteresse. Le lendemain, Henri IV s'empare de la ville et du château par capitulation.

Henri IV établit gouverneur de la ville et du château le brave Hertré, l'un de ses serviteurs les plus dévoués, érige en baronnie sa terre de Hertré, et lui donne l'abbaye de Perseigne et une partie de la forêt. **1592.**

La femme Taupin meurt à Alençon, à l'âge de 113 ans. (Manusc. de Sébastien Chambay.) **1596.**

Les ministres protestans commencent à porter la robe longue, en faisant le prêche. (Manusc. de Sébastien Chambay.) **1599.**

Le 15 décembre, la Briante se déborde, abat une partie des murs du parc, et cause aux dames S.te-Claire un dommage estimé à 2000 fr. (Manusc. de Chambay.) **1602.**

Marie de Médicis, mère de Louis XIII, prend possession du duché d'Alençon, après avoir remboursé le duc de Wurtemberg, auquel Henri IV l'avait vendu.
La justice ordonne de jeter à la voirie le corps d'un jeune homme de Montsort, trouvé pendu dans une grange. (Manusc. de Chambay.) **1613.**

An du Christ.

Marie de Médicis, duchesse d'Alençon, s'étant brouillée avec son fils, le roi envoye pour la sou-mettre le marquis de Créqui, qui prend possession de la ville et du château.

Les jésuites, après s'être modestement établis aux Etaux, obtiennent le petit parc, où ils élèvent une très-belle maison des débris du château. Là ils se livrent avec beaucoup de zèle à l'enseignement ; le père la Rue intéresse la ville par ses sermons, et le père du Cerceau l'amuse avec son MESSAGER DU MANS. Ils se livrent en même temps à l'intolérance et à l'ambition ; forts de la protection de la duchesse de Guise, ils ne se contentent pas de combattre les doctrines, ils vexent et tourmentent les personnes. Elie Benoît, ministre protestant ; Jean Lenoir, théo-logal de Seès, accusé de jansénisme, furent leurs principales victimes. Il est vrai que JÉSUS, dont ils avaient pris le nom, parlait quelquefois durement aux Pharisiens ; mais le sauveur lisait dans les cœurs, et les jésuites n'y lisaient pas ; ils ne pouvaient être sûrs de la mauvaise foi de leurs adversaires, et ne devaient pas la supposer.

Louis XIII établit à Alençon une généralité, qui compte 18 intendans depuis Pierre Thiersaut jusqu'à Antoine-Jean-Baptiste Julien. L'intendance attire un grand nombre d'officiers de finances, receveurs, contrôleurs, directeurs des fermes, des aides, des contrôles, des vingtièmes, des droits sur les cuirs, et des droits réservés. Quelques nécessaires que soient les impôts, quelque juste qu'en soit la ré-

partition , le peuple n'a jamais aimé les financiers,
qui fouillent dans ses poches. Cependant les officiers
de finances ont fait beaucoup de bien à Alençon ;
et les habitans doivent bénir spécialement la mémoire des deux derniers intendans, Lallemant et
Julien, qui ont contribué à l'embellissement de la
ville par tous les moyens en leur pouvoir.

Les protestans , qui jouissaient encore d'un peu
de liberté , tiennent à Alençon un synode national.

Madeleine de Chauvigni , née à Alençon , se pro-
pose de fonder une maison d'Ursulines , et se détermine à l'établir dans le Canada , pour l'instruction
des jeunes sauvages. Elle fait bien ; les hérétiques
Anglais l'ont conservée ; si elle l'eût établie à Alençon , les bons catholiques n'auraient pas manqué de
la démolir.

Le gouvernement , passablement despotique , de
Louis XIII , maintient les habitans d'Alençon dans
la jouissance du droit de nommer le maire et les
échevins, qui leur avait été accordé en 1473 par
Louis XI , grand partisan du pouvoir arbitraire.

Louis XIV ordonne que les foires d'Alençon , Chandeleur , Grand-Lundi , Mi-Carême , dureront 3 jours;
cette ordonnance n'est point observée ; ces foires
ne durent qu'un jour.

Après le meurtre abominable de Charles I , roi
d'Angleterre, Hérault, ministre de l'église réformée
d'Alençon , et Bochard , ministre de l'église réformée

Au
du Christ.

1637.

1639.

1640.

1646.

An
du Christ.

1650.

de Caen , se réunissent pour déplorer cet affreux évé-
nement ; l'un compose sur ce sujet LE PACIFIQUE
ROYAL EN DEUIL , et l'autre écrit au docteur Morley,
chapelain du Roi , une très-longue épître sur le verset
du pseaume : NOLITE TANGERE CHRISTOS MEOS. On ne
reproche pas moins aux protestans de ne pas aimer
les rois.

1660.

François Roussel de Medavi , évêque de Sées ,
prescrit aux curés, non-seulement de ne pas refuser ,
mais même d'OFFRIR à leurs paroissiens la permission
de se confesser, dans le temps pascal, à tout prêtre
approuvé.

1664.

Un arrêt du conseil ayant défendu aux protestans
l'exercice de leur culte dans l'intérieur des villes , ils
font élever un temple au haut du faubourg Lencrel.

1676.

Elisabeth d'Orléans , veuve de Louis-Joseph de
Lorraine , s'établit dans son palais de S.t-Blaise ; et,
le 27 mai 1811 , dans un voyage à Alençon, Marie-
Louise de Lorraine , fille de l'empereur d'Autriche,
épouse de Bonaparte , occupe pendant quelques jours
le palais de ses ancêtres.

1681.

Les protestans , insultés dans leur nouveau temple
par une populace fanatique, se plaignent en vain ;
on leur donne encore le tort, et ils paient l'amende.

1684.

Le gouvernement impolitique et intolérant de
Louis XIV ordonne la démolition du temple de
Lencrel, que les protestans venaient de bâtir , et la
confiscation des biens y attachés. Aujourd'hui , le gouvernement constitutionnel de Louis XVIII protège

les cultes des israélites et des chrétiens de toutes les communions. Les protestans réformés de Paris cé- lèbrent dans le temple de l'Oratoire, près le Louvre, d'où l'on tirait sur eux en 1592. Les protestans de Caen, protecteurs des prêtres catholiques dans nos derniers troubles, et qui ne croient point la présence réelle, font l'office dans le temple des religieuses de l'Adoration perpétuelle. Les protestans du canton d'Athis tiennent d'une main la truelle, pour bâtir un temple sur la paroisse de S.te-Honorine-la-Char- donne, et de l'autre versent des bienfaits sur des communautés catholiques, qui réparent leurs ruines. Les protestans d'Alençon, qui ne se sont point expa- triés, sont presque tous rentrés dans le sein de l'Eglise romaine.

Louis-le-Grand établit à Alençon un grand-maître particulier des eaux et forêts, superbe dénomination d'un règne despotique, aujourd'hui modestement rem- placée par celle d'inspecteur, qui jouit des mêmes 1703. droits, exerce les mêmes fonctions, et n'est plus juge dans sa propre cause.

La juridiction consulaire, aujourd'hui tribunal de commerce, établie à Alençon. 1710.

Louis XV établit à Alençon un prévôt général de maréchaussée, aujourd'hui très-brillamment organisée sous le nom de gendarmerie, à pied et à cheval, qui veille assidûment à votre sureté, protège votre 1720. repos, toujours prête à se transporter sur le lieu de la scène du crime, en suivre scrupuleusement toutes les traces, et se saisir des prévenus.

An du Christ.

La foudre tombe sur la flèche du temple Notre-Dame, fond les cloches, et brûle une partie de l'édifice. A la place de l'ancien chœur des moines, on bâtit un nouveau chœur, plus long, plus large, plus élevé, plus éclairé, et peut-être trop éclairé ; cette brillante clarté est bien opposée à l'obscurité mystérieuse des anciens temples, obscurité si favorable au recueillement, à la méditation, aux tendres sentimens religieux, et qui représentait si bien les souterrains où célébraient les premiers chrétiens.

1744.

1782.

Paul I, grand-duc de Russie, et son épouse, augustes père et mère d'Alexandre I, empereur régnant, passent à Alençon pour aller coucher à Seès.

1789.

Réunion du bailliage pour nommer aux états-généraux, époque mémorable.

Mais il faut terminer la chronologie, lorsqu'elle devient plus facile, et qu'elle est plus intéressante.

1793.

REMITTLNDI SUNT ANNUS HIC ET ANNI PLURIMI SUBSEQUENTES AD SUPPLEMENTUM SUPPLEMENTI, SOLERTER EXPURGANDUM , ET NON NISI LABENTIBUS ANNIS PRELIS MANDANDUM , NE SUSPENDATUR AUTORIS COLLO MOLES ASINARIA.

FIN.

TABLE.

~~~~~~~~

(174)

ERRATA.

Page 2 , lig. 1.re , parcout , *lisez* parcourt.
Pag. 5 , lig. 11 , le lis , *lisez* l'iris.
Pag. 29 , lig. 24 , TRENA , *lisez* TERNA.
Pag. 54 , lig. 23 , *supprimez* le.
Pag. 56 , lig. 13 , paysans , *lisez* passans.
Pag. 62 , dernière lig. , les ruisseaux , *lisez* le ruis-
seau.
Pag. 71 , lig. 11 , après PRÉS , *ajoutez* point et virgule.
Pag. 73 , lig. 15 , tirer , *lisez* tuer.
Pag. 113 , lig. 24 , s'est, *lisez* s'en est.
Pag. 145 , lig. 1.re , Graut, *lisez* Grant.

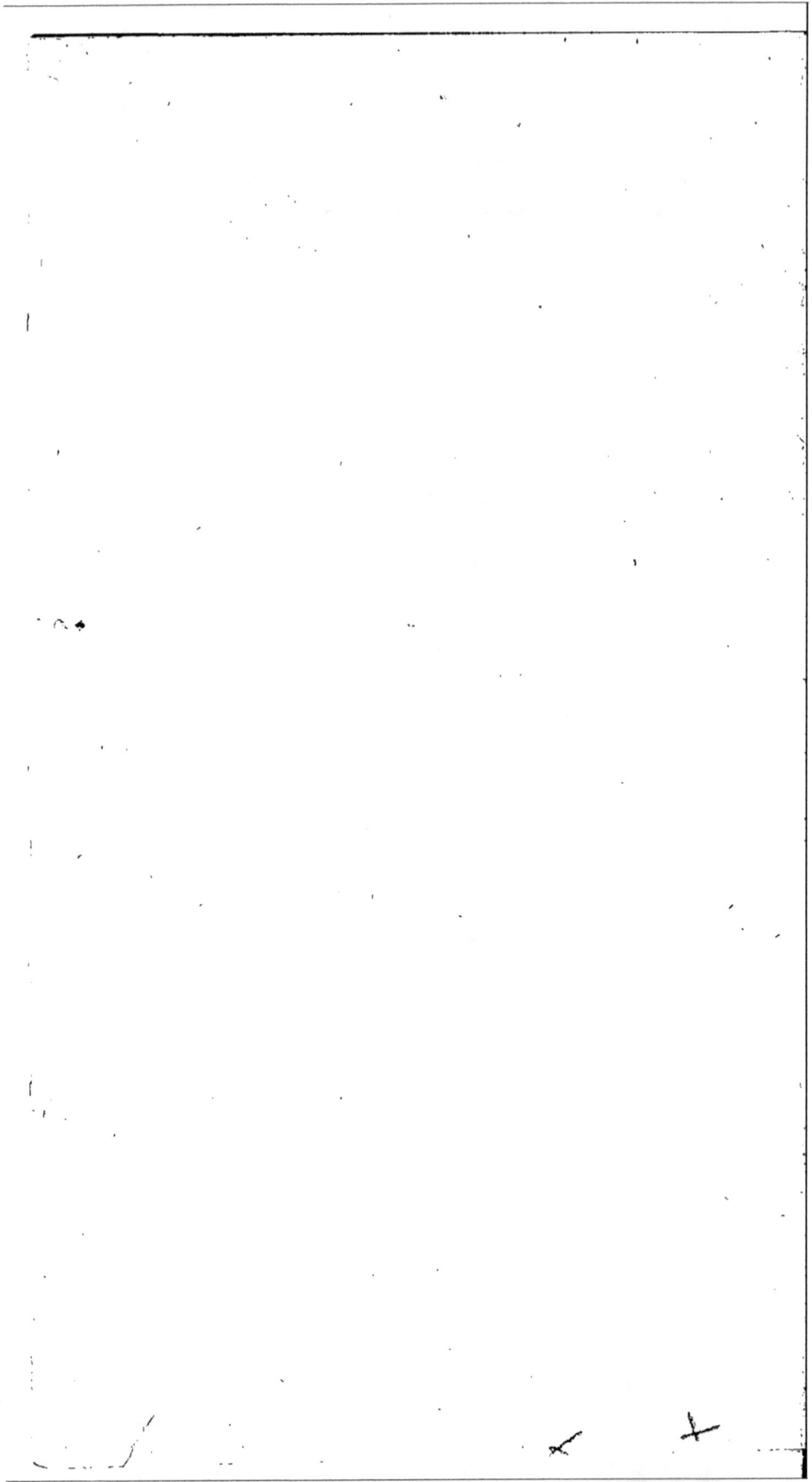

www.ingramcontent.com/pod-product-compliance
Lightning Source LLC
Chambersburg PA
CBHW072345200326
41519CB00015B/3669